Derek Prince und Ruth Prince

GOTT STIFTET EHEN

Derek Prince und Ruth Prince

GOTT STIFTET EHEN

Verlag Gottfried Bernard
Solingen

1. Auflage 1993
2. Auflage 1995

Titel der Originalausgabe: God is a Matchmaker
                               by Derek and Ruth Prince

© Derek Prince

© der deutschen Ausgabe 1993
   Verlag Gottfried Bernard
   Spitzwegstr. 8
   42719 Solingen

Übersetzung: Werner Geischberger
Satz: CONVERTEX, Aachen
Grafik: image design, A. Fietz, Landsberg
Druck: Druckhaus Gummersbach

Alle Bibelzitate stammen aus der Elberfelder Bibel,
es sei denn, sie sind anderweitig gekennzeichnet.

ISBN 3-925968-59-8

4

Inhalt

Der Hintergrund des Autors

Derek Prince wurde als Sohn britischer Eltern in Indien geboren; an zwei der renommiertesten britischen Hochschulen studierte er Altphilologie – am Eton College und an der Universität von Cambridge. Er bekam bereits in jungen Jahren eine Professur für Philosophie an der Universität von Cambridge. Als er im Zweiten Weltkrieg in die britische Armee einberufen wurde, nahm er sich eine Bibel mit, um sie als „philosophisches Werk" zu studieren. Eines Nachts, als er in einer Kaserne allein auf der Stube war, wurde er mit der Realität Jesu Christi konfrontiert, und sein Leben erfuhr eine radikale Richtungsänderung. Dieses Erlebnis liegt mittlerweile mehr als vierzig Jahre zurück. Derek Prince war seit dieser Zeit auf vier Erdteilen als Pastor, Seelsorger, Erzieher und Bibellehrer tätig. Er kann auf eine langjährige und intensive Arbeit mit Jugendlichen mit unterschiedlichem ethnischen Hintergrund zurückblicken. Durch seinen Dienst in Gemeinden und auf Konferenzen wurden tausende von Menschen in vielen Ländern geheilt und von bösen Geistern befreit.

In aller Welt hat Derek Prince einen Ruf als einer der führenden Bibellehrer unserer Zeit. Sein Radioprogramm „Today with Derek Prince" („Heute mit Derek Prince") wird von mehr als 60 Radiostationen in den Vereinigten Staaten ausgestrahlt; man kann es in China, Indien, Mittel- und Südamerika, im Nahen Osten und in Teilen Afrikas, in Australien, Neuseeland sowie auf den pazifischen Inseln und in der Karibik empfangen. Er ist Autor von mehr als 20 Büchern, von denen ein Großteil bereits in verschiedene Sprachen übersetzt wurde. Seine mehrere hundert Lehrbotschaften auf Kassette gelangen in jeden Winkel der Erde, auch in kommunistische und moslemische Länder.

In diesem Buch erzählt Derek Prince die Geschichte seiner beiden Ehen. Durch die Heirat mit seiner ersten Frau Lydia in Jerusalem gegen Ende des Zweiten Weltkriegs wurde er gleich-

zeitig Vater der acht Mädchen, die sie dort in ihrem Kinderheim
aufgenommen hatte. Sechs dieser Mädchen sind Jüdinnen, eine
ist Araberin und eine Engländerin. In Kenia adoptierten sie
später noch ein kleines afrikanisches Mädchen.

1978, drei Jahre nach Lydias Tod, heiratete Derek Prince
seine jetzige Frau Ruth. Zusammen mit ihren drei adoptierten
jüdischen Kindern besteht ihre Familie aus insgesamt zwölf
Personen sowie zahlreichen Enkeln und Urenkeln. Im achten
und zwölften Kapitel erzählt Ruth ihre eigene Geschichte.

Heute sind ihre beiden Wohnorte – Fort Lauderdale in Florida
und Jerusalem – die Stützpunkte des Dienstes von Derek und
Ruth Prince.

Einführung

Ich kann den Leser am einfachsten in dieses Buch einführen, indem ich erkläre, was es nicht ist. Zunächst einmal ist es kein rein theoretisches oder theologisches Buch. Es befaßt sich auch nicht mit abstrakten Wahrheiten. Vielmehr ist es direkt und fest in konkreten Lebenserfahrungen verwurzelt – in meinen eigenen Erfahrungen. Seit mehr als vierzig Jahren habe ich meine wichtigsten Entdeckungen im geistlichen Leben auf diese Weise gemacht. Nie gewann ich Erkenntnisse, während ich hinter dem Schreibtisch saß und über abstrakte Dinge nachdachte. In den meisten Fällen wurden sie durch Situationen, die ich selbst erlebt habe, augenscheinlich und auch bestätigt. Erst später, während ich über solche Situationen im Licht der Bibel nachsann, erkannte ich allmählich die dahinter stehenden geistlichen Prinzipien, die Gott mich lehrte.

Im zweiten und dritten Kapitel dieses Buches erzähle ich, wie Gott mich zur Ehe hinführte, zunächst mit Lydia, dann mit Ruth. In beiden Fällen führte Gott mich genau so, wie in der Bibel der prinzipielle Weg in die Ehe dargestellt wird.

Beim ersten Mal begriff ich nicht, was Gott eigentlich getan hatte. Als sich dieses Muster bei meiner zweiten Ehe wiederholte, erkannte ich, daß Gott in beiden Ehen genau dem Muster gefolgt war, das er vom Anbeginn der Menschheitsgeschichte festgelegt hatte – eine Richtschnur, die er vorgegeben hat und die sich bis zur Vollendung der Geschichte nicht verändern wird. Diese göttliche Richtschnur für den Weg in die Ehe ist das Hauptthema dieses Buches.

Ich möchte auch noch darauf hinweisen, daß ich mit diesem Buch nicht versuchen will, einen Plan für das Zusammenleben von Eheleuten oder für das Familienleben darzulegen. Es gibt derzeit eine Reihe von ausgezeichneten Büchern zu diesem Thema. Vielmehr ist es mein Ziel, die Schritte zu erklären, die zu einer erfolgreichen Ehe führen. Ein Mann und eine Frau, die Gott erst nach seiner Wegweisung fragen, nachdem sie sich in einer Kirche das Jawort gegeben haben, sind wie der von Jesus beschriebene Mann, der sein Haus auf Sand baut. In vielen Fällen wird eine solche Ehe in den praktisch unvermeidlichen Prüfungen und Krisenzeiten nicht bestehen können.

Dieses Buch wird Ihnen helfen, Antworten auf einige der wichtigsten Fragen zu finden, die sich Ihnen im Laufe Ihres Lebens stellen werden: Wie kann ich wissen, ob es Gottes Wille für mich ist zu heiraten? Wenn es Gottes Wille ist, wie kann ich mich dann auf die Ehe vorbereiten? Und wie kann ich den Partner finden, den Gott für mich bestimmt hat?

Im achten Kapitel macht Ruth einige Vorschläge, wie sich speziell Frauen auf die Ehe vorbereiten können. Wiederum im letzten Kapitel erzählt sie einige sehr persönliche Details dar- über, wie sie sich darauf vorbereitet hat, meine Frau zu werden.

Kapitel 9 bietet konkreten Rat für Eltern, wie sie ihre Kinder in diesem schwierigen und gefährlichen Lebensabschnitt, in dem jene mit den emotionalen und geistlichen Problemen der Partnersuche ringen, begleiten können.

Dasselbe Kapitel liefert hilfreiches Material für Pastoren, Seelsorger, Lehrer, Mitarbeiter in der Jugendarbeit und alle anderen Diener Gottes, die sein Volk in ein erfülltes und frucht- bares Leben führen möchten. In keinem anderen Bereich ist gesunde, biblische Unterweisung so notwendig, wie in der prak- tischen Umsetzung der göttlichen Richtschnur für die Ehe in unserer heutigen Zeit.

Kapitel 10 und 11 geben dringend erforderliche Hilfestellung für die vielen Millionen von Menschen, die mit speziellen und problematischen Fragen innerhalb des Themenbereichs Ehe konfrontiert sind – für jene, die die Leiden einer Scheidung durchlebt haben und jene, die dazu bestimmt sind, ehelos zu bleiben.

Vielleicht spricht dieses Buch auch noch eine andere Gruppe von Menschen an: jene, die Liebesgeschichten mögen, die aus dem Leben gegriffen und mit einer Prise Spannung gewürzt sind! Ruth und ich hoffen, daß Ihnen dieser Teil unserer Ge- schichte gefallen wird. Und vergessen Sie eins nicht: die Spannung bleibt bis zu Ruths letztem Kapitel „Treffen wir uns im 'King David'"!

Derek Prince
Jerusalem

Was ich aus meiner Erfahrung gelernt habe

1

Die Stimme der Braut und die Stimme des Bräutigams

Die Rippe aber, die Gott aus dem Menschen genommen hatte, gestaltete er zu einem Weibe und führte dieses dem Menschen zu (1. Mos. 2,22; Menge). Als Gott die Bühne der Menschheitsgeschichte zum ersten Mal betritt, stiftet er gleich eine Ehe. Was für eine tiefgründige und aufregende Offenbarung!

Ginge es zu weit, wenn man sagen würde, Eva wäre am Arm des Herrn zu Adam gekommen, so wie heute eine Braut am Arm ihres Vaters durch den Mittelgang der Kirche zum Altar geht? Wer kann die Liebe und Freude ergründen, die das Herz des großen Schöpfers erfüllte, als er in dieser ersten Hochzeitsfeier überhaupt Mann und Frau vereinte?

Gewiß ist dieser Bericht einer der unzähligen Beweise dafür, daß die Bibel nicht einfach das Werk menschlicher Autoren ist. Mose gilt für gewöhnlich als Autor des Schöpfungsberichts. Doch ohne übernatürliche Inspiration hätte er es nie gewagt, die Geschichte der Menschheit mit einer Szene beginnen zu lassen, die derart vertraulich und innig ist; sie spiegelt zunächst die innige Beziehung zwischen Gott und Mensch wider, aber auch die zwischen Mann und Frau.

Mose vermittelt uns hier ein Gottesbild, das nichts gemein hat mit den religiösen Darstellungen, die wir landläufig mit Kirchen und Kathedralen in Verbindung bringen. Ja, es ist zu bezweifeln, ob Gott überhaupt an ihren Wänden oder in ihren Glasfenstern so dargestellt werden würde, wie Mose ihn porträtiert.

Doch die Menschheitsgeschichte beginnt nicht nur mit einer Hochzeit, sie ist auch dazu bestimmt, mit einer Hochzeit vollendet zu werden. Johannes charakterisiert diese Szene für uns in Offenbarung 19,6-9:

Und ich hörte etwas wie eine Stimme einer großen Volksmenge und wie ein Rauschen vieler Wasser und wie ein Rollen starker Donner, die sprachen: Halleluja! Denn der Herr, unser Gott, der Allmächtige, hat die Herrschaft angetreten. Laßt uns fröhlich sein und frohlocken und ihm die Ehre geben; denn die Hochzeit des Lammes ist gekommen, und sein Weib hat sich bereitgemacht. Und ihr wurde gegeben, daß sie sich kleide in feine Leinwand, glänzend, rein; denn die feine Leinwand sind die gerechten Taten der Heiligen.

Und er spricht zu mir: Schreibe: Glückselig, die geladen sind zum Hochzeitsmahl des Lammes!

Das Schauspiel, das Johannes uns kurz mitverfolgen läßt, spricht von Triumph, von Lobpreis und Anbetung, von Festlichkeit und Glanz, von schier unaussprechlicher Freude. Das Großartigste daran ist jedoch die Tatsache, daß der allmächtige Gott selbst, der Schöpfer und Regent des Alls, bei dieser Hochzeitsfeier seines eigenen Sohnes den Vorsitz übernimmt. In ihrem Verlauf verschmelzen Himmel und Erde in einem Wohlklang des Lobpreises und der Anbetung, wie ihn das Universum noch nie zuvor gehört hat.

Es ist charakteristisch für die Zurückhaltung der Bibel, daß sie nicht versucht, die Gefühle des himmlischen Bräutigams und seiner Braut zu beschreiben. Keine irdische Sprache hätte Worte, die hierzu erforderlich wären. Wir stehen vor einem heiligen Geheimnis, das dem Herrn selbst und jenen, die sich durch gewissenhafte Vorbereitung „bereitgemacht" haben, vorbehalten ist.

Vom 1. Buch Mose bis zur Offenbarung, vom ersten Akt im Garten Eden bis zum letzten Akt im Himmel, ist Hochzeit und Ehe das Leitthema der Menschheitsgeschichte. Doch Gott bleibt kein distanzierter Beobachter, wenn sich dieses Schauspiel Akt für Akt vor unseren Augen enthüllt. Vielmehr ergreift er die Initiative, und in ihm erreicht es seinen Höhepunkt. Von Anfang bis Ende hat er gewaltigen persönlichen Anteil daran.

Als Jesus auf die Erde kam, um Gott unter den Menschen bekannt zu machen, war seine Einstellung zur Ehe in völliger Übereinstimmung mit der des Vaters. So wie der Vater die Geschichte der Menschheit mit einer Hochzeit einleitete, so begann Jesus seinen Dienst in der Öffentlichkeit auf der Hochzeit zu Kana. Als der Festgemeinde auf dem Höhepunkt der Feierlichkeiten der Wein ausging, bat Maria Jesus um Hilfe. Er reagierte, indem er ungefähr 600 Liter Wasser in Wein verwandelte.

Noch dazu war das nicht irgendein Wein! Denn nachdem der Speisemeister ihn gekostet hatte, rief er den Bräutigam zu sich und sagte: „Jeder Mensch setzt zuerst den guten Wein vor, und wenn sie betrunken geworden sind, dann den geringeren; du hast den guten Wein bis jetzt aufbewahrt" (Joh. 2,10).

Wodurch wurde Jesus veranlaßt, sein erstes Wunder ausgerechnet auf einer Hochzeit zu vollbringen? Welche wichtige Wahrheit demonstrierte er damit? Die Antwort ist einfach: Er zeigte, wie sehr ihm der erfolgreiche Verlauf dieser Hochzeitsfeier am Herzen lag. Wäre der Wein ausgegangen, wären der Bräutigam und die Braut vor allen Gästen blamiert worden, und die Hochzeit hätte ein trauriges Ende gefunden. Um eine solche Katastrophe abzuwenden, setzte Jesus zum ersten Mal seine wunderwirkende Kraft auf Erden ein.

Darüber hinaus achtete Jesus, als er das Wunder wirkte, darauf, daß keiner der Gäste mitbekam, was geschah. Er stellte sich nicht in den Mittelpunkt. Er zeigte damit, daß sich bei jeder Hochzeit alles nur um die Braut und den Bräutigam dreht. Obwohl Jesus das Wunder wirkte, sprachen die Gäste im Endeffekt dem Bräutigam ihre Anerkennung aus.

Ab diesem Zeitpunkt begann der öffentliche Lehrdienst Jesu; dabei bekräftigte er stets den Eheplan, der bei der Schöpfung der Welt vom Vater festgelegt wurde. Aus diesem Grund lehnte er auch die Gepflogenheiten im Umgang mit dem Thema Ehe, die zu seiner Zeit üblich waren, ab. Als einige Pharisäer ihn mit einer Frage bezüglich Ehescheidung auf die Probe stellten, erwiderte er: „Habt ihr nicht gelesen, daß, der im Anfang den Menschen gemacht hat, der machte, daß ein Mann und ein Weib sein sollte, und sprach: 'Darum wird ein Mensch Vater und Mutter verlassen und an seinem Weibe hangen, und werden die zwei ein Fleisch sein'? So sind sie nun nicht zwei, sondern ein Fleisch. Was nun Gott zusammengefügt hat, das soll der Mensch nicht scheiden" (Mt. 19,4-6; LÜ).

Im hebräischen Alten Testament leitet sich der Name des ersten Buches Mose („Genesis") von dessen Eingangsworten ab: „Im Anfang ..." Indem Jesus in seiner Antwort diese Formulierung gebrauchte, verwies er die Pharisäer auf das Buch Genesis und ganz besonders darauf, wie Gott Eva und Adam eins gemacht hatte. Mit anderen Worten: er bekräftigte den Eheplan, den der Vater damals festgelegt hatte, als etwas, das zu seiner Zeit noch immer Gültigkeit hatte, und als den einzigen, von Gott vorgegebenen Maßstab für eine Ehe. Er weigerte sich, einen niedrigeren Maßstab durch seine Autorität zu billigen.

Die Pharisäer setzten zum Gegenangriff an, indem sie auf eine Verordnung aus dem mosaischen Gesetz verwiesen, die Scheidung auch aus anderen Gründen als eheliche Untreue erlaubte. Darauf antwortete Jesus mit den Worten: „Mose hat euch nur mit Rücksicht auf eure Herzenshärte gestattet, euch von euren Frauen zu scheiden; aber von Anfang an ist es nicht so gewesen" (Mt. 19,8; Menge). Wiederum richtete Jesus ihr Augenmerk auf den Anfang, d. h. auf den Maßstab, der zu Beginn des Buches Genesis vorgegeben wurde. Das war das einzige Vorbild, das er akzeptierte. Jede Abweichung davon entspreche nicht dem Willen des Vaters, sondern sei lediglich ein Zugeständnis an die Herzenshärte der nicht erneuerten Menschen.

Aus dieser Unterhaltung Jesu mit den Pharisäern können wir Christen wichtige Rückschlüsse für unsere heutige Zeit ziehen: für uns gilt heute noch immer derselbe göttliche Maßstab für die Ehe, den Gott bei der Schöpfung festgelegt hat. Jede Verwässerung dieses Maßstabs ist lediglich ein Zugeständnis an die Herzenshärte des nicht erneuerten Menschen.

Christen, die aus dem Geist Gottes wiedergeboren sind, sind eine „neue Schöpfung" und nicht mehr dem Diktat ihres alten, nicht erneuerten Wesens unterworfen. Aus diesem Grund gilt für die Christen heute der göttliche Maßstab für die Ehe, den Gott bei der Schöpfung festgelegt hat und der von Jesus im Laufe seines Dienstes immer wieder bestätigt wurde.

Der Bericht im 1. Buch Mose offenbart vier konkrete und lebenswichtige Wahrheiten über die Ehe, die alle heute noch Gültigkeit haben.

Erstens: Gott allein ist der Urheber des Prinzips „Ehe". Adam hatte keinen Anteil daran. Nicht er legte diesen Plan vor. Er bat nicht einmal darum, auf diese Weise „versorgt" zu werden. Gott – nicht Adam – beschloß, daß Adam eine Frau brauchte. Adam war sich seines Mangels nicht bewußt.

Zweitens: Gott schuf Eva für Adam. Er allein kannte die Partnerin, die Adam brauchte.

Drittens: Gott stellte Eva Adam vor. Adam mußte sich nicht auf die Suche nach ihr machen.

Viertens: Gott setzte fest, wie die Beziehung zwischen Adam und Eva aussehen sollte. Das Endziel dieser Beziehung war die vollkommene Einheit: „Darum wird ein Mann seinen Vater und seine Mutter verlassen und seiner Frau anhangen, und sie werden zu einem Fleisch werden" (1. Mos. 2,24).

Wenn sich, wie Jesus aufzeigte, Gottes Richtlinie für die Ehe bis heute nicht verändert hat, dann haben die vier Wahrheiten, die eben beschrieben wurden, für uns als Christen auch heute noch ihre Gültigkeit. Das hat nun folgende praktische Auswirkungen für uns:

Ein Christ wird heiraten, nicht weil es seine oder ihre Entscheidung ist, sondern die Entscheidung Gottes.

Ein christlicher Mann wird darauf vertrauen, daß Gott die Partnerin, die er braucht, auswählt und für ihn vorbereitet. Eine christliche Frau wird ihrerseits darauf vertrauen, daß Gott sie für den Ehemann vorbereitet, für den er sie bestimmt hat.

Ein christlicher Mann, der im Willen Gottes lebt, wird feststellen, daß Gott die Partnerin, die er für ihn ausgewählt und vorbereitet hat, zu ihm führt. Eine christliche Frau wird ihrerseits Gott erlauben, sie zu dem Ehemann zu führen, für den er sie vorbereitet hat.

Das Endziel einer Ehe ist heute noch dasselbe wie zur Zeit Adams und Evas – vollkommene Einheit. Doch nur wenn man die ersten drei Anforderungen erfüllt, kann man auch erwarten, am Endziel anzukommen.

Manch einer ist nun vielleicht versucht, diese Prinzipien als altmodisch oder „übergeistlich" abzutun. Doch im Reich Gottes wird die Währung nie abgewertet, werden die Wertmaßstäbe und Richtlinien nie ausgehöhlt. Für jene, die Jesus wirklich nachfolgen, gelten nach wie vor dieselben Anforderungen wie zur Zeit Jesu. Doch, Gott sei Dank, gibt es auch denselben Lohn! Für mich sind diese Prinzipien keine abstrakten Theorien. In meinen beiden Ehen wurden sie Punkt für Punkt Wirklichkeit, wie ich in den folgenden beiden Kapiteln darstellen werde. In beiden Ehen war Gott der Urheber der Entscheidung zu heiraten, nicht ich. Ja, ich persönlich streckte mich überhaupt nicht nach der Ehe aus. In beiden Fällen suchte Gott eine Frau für mich aus, bereitete sie für mich vor und brachte sie zu mir. Und, was am wichtigsten ist, beide Male genossen wir ein Maß an Einheit, wie es heutzutage nur wenige Ehepaare erleben.

Das alles kam nun nicht zustande, weil ich irgendwelchen ausgeklügelten theologischen Theorien gefolgt wäre, wie ein Mann in die Ehe gehen sollte. Vielmehr waren das die Auswirkungen der souveränen Führung und Wegweisung des Heiligen Geistes in meinem Leben. Oftmals war ich mir dessen gar nicht bewußt, daß der Heilige Geist am Werk war. Doch als ich über den Verlauf meines Lebens im Licht der Heiligen Schrift nachdachte, erkannte ich allmählich, wie Gott in meinen beiden Ehen in exakter Übereinstimmung mit der Richtlinie gehandelt hatte, die er „im Anfang" festgelegt hatte. Ich gebe diese Prinzipien nun an Sie weiter, weil ich weiß, daß sie funktionieren. Sie haben mich glücklich gemacht, und ich kann meinen Glaubensgeschwistern nur wünschen, daß sie dasselbe damit erleben.

Diese kurze Analyse des biblischen Musters für die Ehe steht im krassen Gegensatz zu den heutigen Maßstäben in der Welt, aber auch mit den Vorstellungen, die in vielen Teilen des Leibes Christi akzeptiert wurden. Die vorherrschende Grundeinstellung zur Ehe gibt in der Regel genau Aufschluß über den moralischen und geistlichen Zustand einer Kultur oder Zivilisation. Der Untergang einer Kultur zeigt sich am Niedergang ihres Respekts vor der Ehe. Entsprechend dazu gilt: Die Erneuerung einer Kultur zeigt sich an der parallel dazu verlaufenden Erneuerung der biblischen Werte in Bezug auf die Ehe.

In verschiedenen Bibelstellen wird aufgezeigt, welche Auswirkungen sowohl eine Zeit des Verfalls als auch eine Zeit der Wiederherstellung auf die Ehe hat. In Jeremia 25,10-11 warnt

Gott das Volk von Juda vor der drohenden Verwüstung durch die bevorstehende Invasion Nebukadnezars: „Und ich lasse unter ihnen verlorengehen die Stimme der Wonne und die Stimme der Freude, die Stimme des Bräutigams und die Stimme der Braut, das Geräusch der Mühlen und das Licht der Lampe. Und dieses ganze Land wird zur Trümmerstätte, zur Wüste werden ..."

Der Apostel Johannes zeichnet ein ähnliches Bild der endzeitlichen Zerstörung unter dem antichristlichen System, das als „Babylon, die Große" bekannt ist:

> Und die Stimme der Harfensänger und Musiker und Flötenspieler und Trompeter wird nie mehr in dir gehört und nie mehr ein Künstler irgendeiner Kunst in dir gefunden und das Geräusch des Mühlsteins nie mehr in dir gehört werden, und das Licht einer Lampe wird nie mehr in dir scheinen und die Stimme von Bräutigam und Braut nie mehr in dir gehört werden (Offb. 18,22-23).

Ein markantes Merkmal, das diese beiden Beschreibungen des Verfalls und der Verwüstung gemeinsam haben, ist das Verstummen der Stimme von Bräutigam und Braut. Eine Kultur, die das fröhliche Feiern einer Hochzeit nicht länger als Höhepunkt in ihrem Leben erlebt, ist entweder schon im Untergang begriffen oder zumindest auf dem Weg dorthin.

Auch das Gegenteil stimmt: ein Charakteristikum der Wiederherstellung einer Kultur ist die Wiederherstellung der Ehe als Quelle der Freude und als Grund zum Feiern. In Jeremia 33,10-11 verheißt Gott die endzeitliche Wiederherstellung von Juda und Israel:

> So spricht der Herr: An diesem Ort, von dem ihr sagt: Er ist verwüstet, ohne Menschen und ohne Vieh! – in den Städten Judas und auf den Straßen Jerusalems, die öde sind, ohne Menschen und ohne Bewohner und ohne Vieh, dort wird wieder gehört werden die Stimme der Wonne und die Stimme der Freude, die Stimme des Bräutigams und die Stimme der Braut ... die Stimme derer, die Lob in das Haus des Herrn bringen. Denn

ich werde das Geschick des Landes wenden wie im Anfang, spricht der Herr.

Wie in der Verwüstung, so auch in der Wiederherstellung – auch hier stehen Braut und Bräutigam wieder im Mittelpunkt. Dem Maßstab der Heiligen Schrift zufolge ist die Wiederherstellung eines Volkes erst dann abgeschlossen, wenn „die Stimme des Bräutigams und die Stimme der Braut" wieder erschallen. Verschiedene Kräfte können das biblische Fundament der Ehe ins Wanken bringen: Der säkulare Humanismus stellt zum Beispiel die Ehe als eine Art sozialen Vertrag dar, in dem beide Parteien die Freiheit haben, ihre eigenen Forderungen und Bedingungen durchzusetzen und sie nach Lust und Laune verändern oder aufheben können, wenn sich ihre gefühlsmäßige Einstellung zueinander ändert. Wer unter diesen Voraussetzungen eine Ehe beginnt, wird nie die körperliche und geistliche Erfüllung erleben, die die Bibel jenen verheißt, die ihrer Richtschnur folgen.

Andererseits kann sich formalistische Religiosität ohne die Gnade Gottes fast genauso verheerend auf eine Ehe auswirken. Wie die Bibel zeigt, sind Romantik und Leidenschaft wesentliche Bestandteile einer Ehe. Beide Eigenschaften werden sehr schön und anschaulich im Hohelied dargestellt. Eine Ehe, der diese Komponenten fehlen, ist – dem biblischen Maßstab zufolge – auf traurige Weise unvollständig. Romantik ohne Leidenschaft führt zu Frustration. Leidenschaft ohne Romantik ist nur wenig mehr als Lust, die vielleicht noch einen dünnen Schleier trägt.

Im Lauf der Jahrhunderte hat es der Leib Christi oft versäumt, das biblische Bild einer vollständigen Ehe zu zeichnen, die jeden Bereich der Persönlichkeit eines Menschen einbezieht – den geistlichen, den emotionalen und den körperlichen. Sex behandelte man als notwendiges Übel, ja fast als eine Verfehlung des Schöpfers, die einer gewissen Entschuldigung bedarf. Selbstverständlich entspricht das nicht der Sicht des Schöpfers. Er schuf Mann und Frau als sexuelle Wesen und bezeichnete, nachdem er alles sorgfältig betrachtet hatte, alles als „sehr gut" – also auch ihre Sexualität.

In unserer Zeit durchflutet und erneuert Gott überall auf der Welt seine Gemeinde mit dem Heiligen Geist. Wie es bei göttlichen Erneuerungen stets der Fall war, muß diese Erneuerung von „der Stimme des Bräutigams und der Stimme der Braut" angekündigt werden. Erst wenn die Gemeinde sich noch einmal ganz und gar dem biblischen Vorbild für die Ehe verschreibt, kann sie eine vollständige und echte Erneuerung erleben. Das bezieht sich nicht nur auf die Hochzeit an sich und das darauffolgende Eheleben. Vielmehr muß es dort beginnen, wo eine Ehe immer beginnt: auf dem Weg, der zur Hochzeit führt.

Dieses Prinzip gilt für fast alle Formen menschlicher Aktivität: Der Prozeß der Vorbereitung ist normalerweise ein wesentlicher Faktor, der zu einem erfolgreichen Ergebnis führt. Ein Ehepaar, das sich ein Haus baut, muß zum Beispiel monatelang die verschiedensten Vorbereitungen treffen, bis es den Hausschlüssel bekommt und einziehen kann. Es muß sich den Baugrund aussuchen, einen Architekten und eine Baufirma beauftragen, viele verschiedene Pläne besprechen und alle möglichen Entscheidungen treffen, um sämtliche Fragen des Stils und der Ausstattung zu regeln. Ein Ehepaar, das sich erst dann für sein Heim interessiert, wenn man ihm den Schlüssel in die Hand drückt, wird große Frustrationen und Enttäuschungen erleben, wenn es erst einmal eingezogen ist.

Wenn das für ein Haus aus Stein oder Holz gilt, wieviel mehr für ein Haus aus lebendigen Steinen, aus Menschen, aus Geschöpfen, die unermeßlich komplex sind, aber auch ein unermeßliches Potential in sich bergen!

Nein, eine erfolgreiche Ehe beginnt nicht mit der Hochzeit. Ihr Fundament wird viel früher gelegt – zunächst in der sorgfältigen Vorbereitung des eigenen Charakters und dann im Zusammenpassen eines Mannes und einer Frau, die Gott füreinander bestimmt hat.

Ein Ehepaar, das unvorbereitet in die Ehe geht und schlecht zusammenpaßt, wird bestenfalls permanent frustriert sein, schlimmstenfalls totalen Schiffbruch erleiden. Andererseits können sich ein christlicher Mann und eine christliche Frau, die dem Heiligen Geist gestattet haben, sie zu formen und sie auf dem biblischen Weg in Richtung Ehe zu leiten, voll Vertrauen auf ein erfülltes Eheleben freuen, in dem einer den anderen erfreut.

2

Lydia

Am Anfang der Geschichte der Menschheit setzte Gott etwas fest: „Und Gott, der Herr, sprach: Es ist nicht gut, daß der Mensch allein sei; ich will ihm eine Hilfe machen, die ihm entspricht" (1. Mos. 2,18). Kein Mensch hat an sich selbst Genüge. Jeder Mensch braucht Gesellschaft. Um gegen diesen Mangel vorzugehen, setzte Gott die Ehe fest und gab Adam eine Frau. Die Ehe ist die engste und innigste Form der Gemeinschaft, die zwischen zwei Menschen möglich ist. Sie ist so innig, daß die beiden tatsächlich eins werden.

In Epheser 5 nennt Paulus die Ehe ein „Geheimnis". Salomo vergleicht sie im Hohelied mit einem „verschlossenen Garten". Keine akademische Fachrichtung, wie die Psychologie oder die Theologie, vermag das Geheimnis zu lüften oder den verschlossenen Garten aufzusperren. Gott allein ist im Besitz des Schlüssels. Er legt ihn in die Hände derer, die ihm auf dem Weg des Glaubens und des Gehorsams folgen.

Eine unverheiratete Person kommt womöglich in den Genuß ausgezeichneter Seelsorge; vielleicht liest sie alle möglichen empfehlenswerten Bücher; vielleicht hat sie einen freien Umgang mit Ehepaaren; womöglich gönnt sie sich außerehelichen Sex. Und dennoch bleibt sie außenstehend und uneingeweiht. Es gibt einen Aspekt der Ehe, den man nicht erklären kann; man kann ihn nur selbst erleben.

Aus diesem Grund möchte ich Ihnen in sehr persönlichen Worten die Geschichte meiner Ehe mit Lydia erzählen. Gott führte mich souverän und auf übernatürliche Art und Weise zur Partnerin seiner Wahl; so gab er mir den Schlüssel zu dem Geheimnis in die Hand. Jemand sagte einmal, die beste Schule der Welt sei die Schule der Erfahrung ..., aber sie sei auch die teuerste!

1940 hatte ich nach vielen Jahren des Studierens einen festen Platz als Professor der Philosophie an der Universität von Cambridge. Doch dann wurde ich rücksichtslos aus meinem akademischen Hintergrund herausgerissen und in die Wirren des Zweiten Weltkriegs geworfen. Ich wurde in die britische Armee als Krankenpfleger in einem Lazarett eingezogen; ich nahm mir eine Bibel mit, die ich als „philosophisches Werk" studieren wollte. Ich verwarf jede Theorie einer göttlichen Inspiration. Ungefähr neun Monate später erlebte ich eines Nachts in der Stube einer Kaserne eine direkte und persönliche Offenbarung Jesu Christi. Die Woche darauf hatte ich in derselben Stube erneut ein besonderes Erlebnis und ich wußte, daß es sich dabei um eine übernatürliche Erfüllung mit dem Heiligen Geist handeln mußte. Bevor ich mir Zeit nehmen konnte, das Geschehene zu analysieren, hörte ich, wie Silben einer seltsamen Sprache über meine Lippen kamen. Sie hörten sich orientalisch an, so ähnlich wie Chinesisch oder Japanisch.

Auch wenn ich keine Ahnung hatte, was ich da sagte, wußte ich irgendwie, daß ich direkt mit Gott in Verbindung stand. In meinem Innersten spürte ich auf wunderbare Weise, wie ich von Ängsten und Spannungen frei wurde, von deren Existenz ich bis dahin nichts gewußt hatte. Und mit einem Mal wußte ich, daß ich die Schwelle zu einer völlig neuen Welt überschritten hatte.

Während ich in der darauffolgenden Nacht auf meiner Strohmatte lag – der traurige militärische Ersatz für ein Bett –, fing ich wieder an, die eigenartigen Laute einer unbekannten Sprache auszusprechen. Diesmal fiel mir ganz besonders ihre Rhythmik auf, die schon beinahe poetisch klang. Dann hörten sie auf; es trat eine kurze Pause ein, und danach sprach ich wieder auf Englisch. Doch nicht ich war es, der die Worte wählte, die, wie mir auffiel, den Rhythmus der Worte in der unbekannten Sprache wiederholten. Ich schien *zu* mir selbst in der zweiten Person zu sprechen, doch ich war nicht der Urheber dieser Worte. Voll Ehrfurcht erkannte ich, daß Gott meine eigenen Lippen benutzte, um zu mir zu sprechen.

In anmutiger, poetischer Sprache zeichnete der Herr ein Bild dessen, was im Rahmen seiner Ziele noch vor mir lag. Das Bild setzte sich aus Szenen und Symbolen zusammen, die unmöglich meiner eigenen Phantasie entsprungen sein konnten. Ich konnte sie mir auch nicht alle merken. Doch folgende Worte haben sich unauslöschlich in meinen Sinn eingeprägt: „Es wird wie ein kleiner Bach sein. Der kleine Bach wird zu einem Fluß werden;

der Fluß wird ein großer Fluß werden; der große Fluß wird zu einem Meer werden; und das Meer wird ein mächtiger Ozean werden ..." Irgendwie wußte ich, daß diese Worte den Schlüssel zum Willen Gottes für mein Leben beinhalteten.

Während ich in den darauffolgenden Tagen über diese Erfahrungen nachdachte und mich fragte, was noch alles auf mich zukommen würde, ging mir ein Name nicht mehr aus dem Sinn: *Palästina* – damals noch der Name des Gebiets im Nahen Osten, das heute zwischen Israel und Jordanien aufgeteilt ist. Ich begriff nicht alles, was Gott über seinen Plan für mein Leben sagte, aber ich hatte den starken und immer wiederkehrenden Eindruck, daß es irgendwie mit dem Land und den Leuten in Palästina verknüpft sein würde.

Einige Wochen später wurde meine Einheit in den Nahen Osten verlegt. Ich hatte darüber spekuliert, ob nicht vielleicht Palästina unser Ziel sein würde. Doch stattdessen verbrachte ich die nächsten drei Jahre in den Wüstengegenden Ägyptens, Libyens und des Sudan. Dürre, wohin man sah, sowohl natürlicher als auch geistlicher Art. Meine einzige unerschöpfliche Kraftquelle war die Bibel, die ich mehrmals durchlas. Doch trotz der Dürre um mich her hatte ich das Gefühl, daß Gott begann, seinen Plan für mein Leben in die Tat umzusetzen und daß er in irgendeiner Weise mit Palästina zu tun haben würde.

Im Sudan traf ich einen Soldaten, der auch Christ war und einige Zeit in Palästina gelebt hatte. Als wir uns unterhielten, sagte er: „In Palästina, nördlich von Jerusalem, gibt es ein Kinderheim, und wenn du einen echten geistlichen Segen bekommen willst, dann mußt du es besuchen. Es wird von einer Dänin geleitet. Soldaten aus dem ganzen Nahen Osten gehen dorthin, und Gott begegnet ihnen in wunderbarer Weise."

Ich fand es ein wenig seltsam, daß Soldaten in ein Kinderheim gehen sollten, um gesegnet zu werden, aber ich behielt diese Information im Hinterkopf. Allein daß er von Palästina gesprochen hatte, hatte etwas in mir ins Rollen gebracht. Überdies hatte ich das Leben in der Wüste satt und sehnte mich nach einem „Tapetenwechsel".

Eines Tages informierte man mich dann ziemlich unerwartet darüber, daß ich nach Palästina versetzt werden würde. Einen Monat später war ich in einem kleinen medizinischen Nachschublager in Kiriat Motzkin, nördlich von Haifa. Ich hatte dort sehr wenig zu tun, und mir blieb viel Zeit fürs Gebet.

Gleich bei der ersten Gelegenheit, die sich mir bot, besuchte ich das Kinderheim, und ich begriff sehr schnell, warum Soldaten oft von weit her dorthin kamen. Die Atmosphäre war durchdrungen von der Gegenwart einer unsichtbaren Macht, die sich wie Tau auf alle Männer legte, die von den Anstrengungen und der Monotonie des Wüstenkriegs ausgelaugt worden waren. Ich selbst spürte, wie mein Geist vom Staub der drei Jahre Dürre und Wüste reingewaschen wurde.

Die Leiterin des Kinderheims stellte sich mir als Lydia Christensen vor und hieß mich herzlich willkommen. Sie war eine typische Skandinavierin – blond und blauäugig. Bei einer Tasse Kaffee erzählte sie mir kurz, wie sie vor sechzehn Jahren von Dänemark nach Jerusalem gekommen war und ihre Arbeit angefangen hatte, indem sie in einem Keller ein im Sterben liegendes jüdisches Baby betreute*. Aus diesem bescheidenen Anfang war eine große „Familie" herangewachsen, die Kinder aus aller Herren Länder beherbergte.

„Ich habe nie nach den Kindern gesucht", berichtete mir Lydia. „Ich nahm lediglich die auf, von denen ich wußte, daß der Herr sie mir geschickt hat."

Ich fing meinerseits an, ihr davon zu berichten, wie sich mir der Herr in einer Kaserne offenbart und mich mit dem Heiligen Geist erfüllt hatte. Dann beschrieb ich die drei Jahre in der Wüste, in deren Verlauf die Bibel meine einzige Kraftquelle und Wegweisung war.

„Ich bin mir nicht ganz klar darüber, was die Zukunft bringen wird", schloß ich, „aber ich habe das Gefühl, daß Gott einen Plan für mein Leben hat und daß dieser Plan irgendetwas mit Palästina zu tun hat."

Lydia schlug vor, wir sollten darüber beten; ich hatte mich danach gesehnt und stimmte augenblicklich zu. Ich war jedoch sehr überrascht, als Lydia auch noch einige kleine Mädchen aufforderte, mit uns zu beten. Vier oder fünf von ihnen kamen flugs herbei und setzten sich. Lydia sagte etwas auf Arabisch

---

*   Lydia erzählt ihre Geschichte in „Vergäße ich dein Jerusalem" (Dynamis Verlag)

27

(ich ging davon aus, daß sie ihnen erklärte, worüber wir beten würden). Dann kniete jedes Kind vor seinem Stuhl nieder; Lydia und ich genauso.

Als wir zu beten anfingen, spürte ich, daß dies eine spezielle Verabredung mit Gott war. An einem bestimmten Punkt des Gebets hörte ich, wie ein kleines Mädchen neben mir mit klarer, melodischer Stimme sang. Zunächst dachte ich, sie sänge auf Arabisch; dann stellte ich fest, daß es sich um eine andere Sprache handelte. Nach einer kurzen Zeit stimmten die anderen Mädchen mit ein, auch in anderen Sprachen. Ich spürte, wie mein Geist durch diese Welle der übernatürlichen Anbetung auf eine neue Ebene gehoben wurde und meine Gemeinschaft mit dem Herrn eine neue Qualität bekam. Auch wenn ich nicht verstand, was gebetet wurde, so wußte ich doch, daß meine gesamte Zukunft nun sicher in den Händen Gottes ruhe.

Als ich wieder im Nachschublager war, wanderten meine Gedanken oft zurück zu dem kleinen Heim in Ramallah. Im Hintergrund hörte ich noch immer die Anbetungslieder der Kinder. Ich beschloß, regelmäßig für Lydia zu beten. In den wenigen Stunden, die ich in dem Heim verbracht hatte, hatte ich erkannt, wie viele Lasten sie zu tragen hatte, nur mit der Hilfe eines arabischen Dienstmädchens. Abgesehen davon, woher bekam sie das Geld, um all diesen Kindern Essen und Kleidung zu geben? Sie hatte erwähnt, sie werde von keiner Missionsgesellschaft unterstützt.

Eines Tages saß ich allein inmitten langer Reihen von Paletten mit medizinischem Material und verspürte sehr stark den Drang, für Lydia zu beten. Ich betete eine Zeitlang auf Englisch; dann übernahm der Heilige Geist die Leitung und gab mir, wiederum in einer unbekannten Sprache, ein sehr deutliches, eindringliches Wort. Nach einer kurzen Pause folgte die Auslegung auf Englisch. Wie in jener ersten Nacht sprach Gott zu mir durch meine eigenen Lippen und sagte: „Ich habe euch vereint ... unter demselben Joch und im selben Geschirr ...“

Es kam noch mehr, doch diese Worte haben mich gepackt. Was bedeuteten sie? Da ich für Lydia gebetet hatte, mußten sie sich wohl auf sie beziehen. Hatte Gott uns beide zusammengeführt? Wenn ja, auf welche Art und Weise und – zu welchem Zweck?

Einige Monate später wurde ich noch einmal versetzt, diesmal in ein richtiges Krankenhaus, nämlich in das Augusta Victoria Hospiz auf dem Ölberg im Osten von Jerusalem. Von hier aus konnte man Ramallah bequem mit dem Bus erreichen. Ich besuchte das Kinderheim recht häufig, und meine Beziehung – sowohl mit den Kindern als auch mit Lydia – vertiefte sich. In weniger als einem Jahr sollte ich aus der Armee entlassen werden. Mehr und mehr gewann ich die Überzeugung, Gott lenke es so, daß ich in Palästina entlassen werden und dann dort bleiben sollte, um ihm im vollzeitlichen Dienst zur Verfügung zu stehen. Doch welcher Dienst und mit wem?

Damals gab es in Jerusalem zwei aktive Gemeinden, die das ganze Evangelium vertraten. Ich war mit den Leitern beider Gemeinden befreundet. Sollte ich einem von ihnen meine Dienste anbieten? Dann gab es natürlich noch das Kinderheim in Ramallah. Dort genoß ich eine überaus enge Gemeinschaft mit anderen Menschen. Doch welche Funktion sollte ich in einem Kinderheim übernehmen?

Überdies stellte sich die Frage meines finanziellen Auskommens. Bevor ich dem Herrn begegnete, war ich in Großbritannien nicht einmal ein normaler Kirchgänger gewesen, geschweige denn jemand im geistlichen Dienst. Die Christen dort kannten mich nicht. Was hätten sie für einen Grund, mich zu unterstützen?

Ich bat Geoffrey, einen befreundeten Christen, der in einer Sanitätseinheit in Jerusalem arbeitete, um Gebetsunterstützung. Ich wußte, daß Geoffrey sensibel für das Reden des Herrn war. Darüber hinaus kannte er die beiden oben erwähnten Gemeinden und auch das Kinderheim. „Ich muß wissen, wo der Herr will, daß ich mich engagiere", sagte ich ihm.

Geoffrey arbeitete eng mit einer der besagten Gemeinden zusammen und hatte offensichtlich den Eindruck, das sei auch mein Platz. Er war dennoch bereit, mit mir zu beten, und nachdem er für diese beiden Gemeinden gebetet hatte, fing er an, für Lydia und das Kinderheim zu beten.

„Herr", sagte er, „du hast mir gezeigt, daß dieses kleine Heim wie ein kleiner Bach sein wird und der kleine Bach wird zu einem Fluß werden; der Fluß wird ein großer Fluß werden und der große Fluß wird zu einem Meer werden ..."

Was Geoffrey sonst noch betete, habe ich gar nicht mehr mitbekommen! Ich war überwältigt, aufgeregt und doch von Ehrfurcht ergriffen. Geoffrey hatte Wort für Wort exakt das wiederholt, was Gott mir in jener Nacht in der Kaserne in Großbritannien über meine Zukunft gesagt hatte; jedoch hatte er diese Worte auf Lydia und das Kinderheim bezogen. In den Jahren dazwischen hatte ich nie jemandem von diesen Worten erzählt. Allein Gott hatte sie an Geoffrey weitergeben können.

„Danke", sagte ich zu Geoffrey, als er sein Gebet beendet hatte. „Ich glaube, ich weiß, was Gott von mir will." Aber ich habe ihm nie erzählt, woher ich es gewußt hatte!

Es gab viel zum Nachdenken. Damals in Großbritannien hatte Gott über meine Zukunft gesprochen und mir das Bild des kleinen Baches geschenkt, der immer größer wird. Als ich dann im Lager in Kiriat Motzkin für Lydia gebetet hatte, hatte Gott gesagt, er hätte uns „unter demselben Joch und im selben Geschirr vereint". Jetzt stellte ich fest, daß Gott Geoffrey genau dasselbe Bild wie mir von einem anschwellenden Fluß gegeben und es dabei auf Lydia und das Kinderheim bezogen hatte.

Ich erinnerte mich an die beiden sinnverwandten Begriffe, die Gott in Kiriat Motzkin gebraucht hatte: *unter demselben Joch und im selben Geschirr*. Ein Geschirr ist nötig, um zwei Tiere eng zusammenarbeiten zu lassen. Doch wozu dient ein Joch? Mir fiel mit einem Mal auf, daß dieses Bild in der Bibel regelmäßig für zwei Menschen gebraucht wird, die in der Ehe vereint sind. War es das, was Gott vorhatte?

Ich fing an, mir über die Unterschiede zwischen uns und die Schwierigkeiten Gedanken zu machen. Lydia stammte aus einem ganz anderen kulturellen Hintergrund als ich. Sie war eine starke Persönlichkeit, eine geborene Führungsperson. Ungeachtet endloser Schwierigkeiten hatte sie eine Arbeit aufgebaut, die ihr die Hochachtung der ganzen christlichen Gemeinschaft eingebracht hatte. Sie war es gewöhnt, ihre eigenen Schlachten zu schlagen. Würde sie bereit sein, ihre Rolle als Haupt des Kinderheims einem Mann zu übertragen, der viel jünger und unerfahrener war als sie? Wäre das für sie überhaupt hilfreich?

Dann war da auch noch der Altersunterschied. Ich war Anfang dreißig; Lydia war eine erstaunlich vitale und aktive Frau Mitte vierzig. Eine Ehe zwischen zwei Leuten, die so unterschiedlich alt sind, würde unweigerlich zu Spannungen führen, die das normale Maß übersteigen. Ich mußte auch meine eigene Geschichte in Betracht ziehen. Ich war ein Einzelkind. Von meiner Ausbildung her hatte ich einen durch und durch intellektuellen Hintergrund. Obwohl ich philosophische Theorien über das Menschsein entwickeln konnte, hatte ich nur sehr wenig Erfahrung im Umgang mit Menschen aus Fleisch und Blut. Konnte ich Vater einer Familie mit lauter Mädchen werden, deren Herkunft und Kultur sich grundsätzlich von meiner eigenen unterschieden? Wäre es überhaupt fair, jenen Mädchen einen solchen Vater vorzusetzen? All das sprach dagegen. Was dafür sprach, könnte man in einem einzigen kurzen Satz zusammenfassen: *Gott hatte gesprochen.* Er hatte klar und deutlich und auf übernatürliche Weise seinen Plan geoffenbart, zunächst einmal mir ganz allein. Dann hatte er ihn durch einen anderen Christen genauso klar und genauso übernatürlich bestätigt. All das war keine Reaktion auf meine Gebete oder gar auf meine Sehnsüchte. Die ganze Offenbarung hatte ihren Ursprung allein im souveränen Willen Gottes. Wenn ich nun Gottes Willen, der so deutlich auf der Hand lag, verwarf, wie könnte ich dann erwarten, daß er meine Zukunft noch segnen würde?

Ich war hin- und hergerissen zwischen Begeisterung und Angst: Begeisterung über den Gedanken, daß Gott einen so konkreten Plan für mein Leben hatte; Angst davor, die vor mir liegende Aufgabe nicht bewältigen zu können. Schließlich erkannte ich, daß ich nicht alles im voraus regeln und durchdenken konnte. Dazu hatte Gott mich auch nicht aufgefordert. Vielmehr hatte er mich aufgefordert, mich voller Glauben dem Plan hinzugeben, den er offenbart hatte, und ihm dann zu erlauben, die Dinge in die Tat umzusetzen, die ich selbst nicht in die Tat umsetzen konnte.

Schließlich kam ich an den Punkt, an dem ich mich verpflichtete: soweit ich Gottes Plan für mein Leben verstand, sagte ich ja zu ihm. Ich vertraute darauf, daß Gott das, was ich zu jenem Zeitpunkt noch nicht verstand, auf seine Art und Weise und zu seiner Zeit offenlegen würde.

Ab diesem Zeitpunkt veränderte sich meine Beziehung zu Lydia immer mehr. Wir hatten bereits enge Gemeinschaft gehabt, die uns beide bereichert hatte. Doch jetzt wurde sie noch herzlicher und inniger, jedesmal, wenn ich das Heim besuchte. Ich fing auch an, für die Kinder eine Art elterlicher Fürsorge zu empfinden, wie ich sie nie zuvor gekannt hatte. Schließlich mußte ich es mir eingestehen: ich war verliebt, verliebt in Lydia und verliebt in die acht Kinder.

Einige Monate später erschien es mir ganz natürlich, Lydia einen Heiratsantrag zu machen, und ihr erschien es genauso natürlich, ja zu sagen. Anfang 1946, ungefähr einen Monat vor meiner Entlassung aus der Armee, heirateten wir.

Im Lauf des Jahres zogen wir von Ramallah nach Jerusalem, wo wir in die stürmischen Ereignisse hineingezogen wurden, die sich als Vorwehen der Geburt des Staates Israel herausstellten. Unser Leben war häufig in Gefahr. Viermal mußten wir umziehen – zweimal mitten in der Nacht. Überall war Krieg und Hungersnot. Doch Gott beschützte uns und sorgte für uns in einer Art und Weise, daß wir oft nur noch staunen konnten. Da wir all diese Erfahrungen gemeinsam machten, wurden wir als Familie enger zusammengeschweißt, als es bei vielen natürlichen Familien der Fall ist – und dieses Band hält noch heute.

Wir zogen von Jerusalem nach London, wo ich acht Jahre lang Pastor einer Gemeinde war. Gegen Ende dieser Phase waren die älteren Mädchen bereits erwachsen, von zu Hause weggegangen und alle, bis auf eine, verheiratet. Lydia und ich gingen mit unseren beiden jüngsten Mädchen nach Kenia, wo ich fünf Jahre lang als Rektor einer Ausbildungsstätte für afrikanische Lehrer tätig war. Während der Zeit in Kenia verließen uns auch die beiden letzten Mädchen, um einen Beruf auszuüben und später zu heiraten. Dort adoptierten wir auch Jesika, ein sechs Monate altes afrikanisches Baby, das unsere neunte Tochter wurde.

1962 zogen Lydia, Jesika und ich nach Nordamerika, zunächst nach Kanada, dann in die Vereinigten Staaten, wo wir uns schließlich niederließen. Hier öffnete Gott für uns Türen, so daß wir in allen Teilen des Landes und später auch in vielen anderen Nationen dienen konnten.

Die Familie wurde in der Zwischenzeit immer größer und hatte sich über verschiedene Teile der Welt verteilt, nach Großbritannien, Kanada, die Vereinigten Staaten und Australien.

Manchmal sagte Lydia darüber: „Über unserer Familie geht die Sonne nie unter." Der kleine Bach, der in Ramallah begann, wurde zu einem Fluß, der sich über den ganzen Erdball zog.

In all den Jahren hatten Lydia und ich eine entscheidende Kraftquelle, die nie versiegte: unsere Einheit. In unserem persönlichen Gebetsleben wurden wir immer wieder in die Lage versetzt, die Verheißung aus Matthäus 18,19 in Anspruch zu nehmen: „Weiter sage ich euch: Wenn zwei von euch auf Erden eins werden, um irgend etwas zu bitten, so wird es ihnen von meinem himmlischen Vater zuteil werden" (Menge). Es ist unmöglich, die vielen Gebetserhörungen, die wir auf der Grundlage dieses Wortes erlebten, zu zählen.

Auch in unserem Dienst in der Öffentlichkeit, in den vielen Stunden, in denen wir für kranke und niedergeschlagene Menschen beteten, schenkte uns unsere Einheit Siege, die keiner von uns hätte allein erringen können. Ein befreundeter Diener des Herrn sagte einmal: „Ihr zwei arbeitet zusammen wie eine einzige Person."

1975, nach fast dreißig Jahren, rief Gott Lydia zu sich nach Hause. Sie hatte für ihn mehr als fünfzig Jahre in mühsamem und selbstlosem Dienst gestanden. Auf sie passen am besten die Worte aus Sprüche 31,28-29:

> Es treten ihre Söhne auf und preisen sie glücklich, ihr Mann tritt auf und rühmt sie: Viele Töchter haben sich als tüchtig erwiesen, du aber übertriffst sie alle!

Je mehr ich über meine Ehe mit Lydia nachdenke, desto mehr staune ich über Gottes unfehlbare Weisheit. Als wir heirateten, hatte ich überhaupt keine Vorstellung davon, wie das Leben aussehen würde, das vor uns lag. Ich hatte also keinerlei Voraussetzungen, um mir selbst eine Frau zu suchen, da mir die wesentlichen Informationen fehlten, die erforderlich sind, um eine intelligente Wahl zu treffen. Andererseits bin ich, wenn ich auf die Mühen und Prüfungen und Kämpfe der dreißig Jahre zurückblicke, fest davon überzeugt, daß Lydia die einzige Frau auf der Welt war, die mir in all dem eine wirkliche Hilfe sein konnte.

Es ist schon großartig, daß Gott genau wußte, welche Frau ich brauchte, daß er sie viele Jahre lang für mich vorbereitet hatte, daß er sie an einen Ort stellte, an dem ich auf dem von ihm vorgezeichneten Lebensweg vorbeikommen würde und daß er sie mir als die Hilfe zeigte, die er für mich ausgesucht hatte. Jedesmal, wenn ich über diese Fügungen nachdenke, neige ich mein Haupt in Anbetung und sage mit den Worten des Paulus:

> O welch eine Tiefe des Reichtums und der Weisheit und der Erkenntnis Gottes! Wie unbegreiflich sind seine Gerichte und unerforschlich seine Wege! (Röm. 11,33; Menge)

3

Ruth

Nach Lydias Tod hatte ich ein Gefühl der Einsamkeit, wie ich es
nie für möglich gehalten hätte. Fast jeder von uns muß bisweilen
mit einem schmerzlichen Verlust fertig werden. Doch nur wenige Menschen – auch unter überzeugten Christen – sind wirklich
darauf vorbereitet. In dieser Situation erkannte ich ganz neu, wie
sehr ich den Leib Christi brauchte.

Im Lauf der Jahre hatte sich eine enge Beziehung zwischen
mir und vier anderen Bibellehrern aufgebaut, die in ganz Ame-
rika bekannt sind: Don Basham, Ern Baxter, Bob Mumford und
Charles Simpson. Wir hatten uns dazu verpflichtet, alles im
Gebet, in der Seelsorge und in der Gemeinschaft zu teilen. Auf
diese Art und Weise wollten wir einander auferbauen und stärken.

Der Trost, den ich in diesen einsamen Stunden von meinen
Brüdern bekam, trug dazu bei, daß aus Kummer letztendlich
Freude und Sieg wurden. Es kam der Tag, an dem ich wie David
sagen konnte: „Meine Wehklage hast du mir in Reigen verwan-
delt, mein Sacktuch hast du gelöst und mit Freude mich umgürtet
..." (Ps 30,11).

Im Sommer 1977 schlossen wir fünf uns einer Gruppe inter-
nationaler charismatischer Leiter, Katholiken und Protestanten,
an, die eine Pilgerreise ins Heilige Land unternahmen. In Jerusalem hatten wir das Vorrecht, mit Kardinal Suenens aus Belgien
dessen fünfzigstes Dienstjubiläum als Priester zu feiern. Als die
Gruppe die Rückreise antrat, beschloß ich, noch eine Woche in
Israel zu bleiben. In diesen Tagen wollte ich ganz bewußt den
Herrn darüber suchen, ob die Zeit gekommen sei, mein Gesicht
noch einmal gen Jerusalem zu wenden. Ich wußte, daß mein
Dienst dort noch nicht vorbei war.

Überdies ergriff ich die Gelegenheit und besuchte das Büro
einer Organisation, die meine Bücher übersetzt und in Israel und
anderswo verteilt hatte. Als ich dort war, erinnerte ich mich an
einen Brief, den ich kurz zuvor von ihnen bekommen hatte und
der mit einem handschriftlichen Postskriptum versehen war:

„Ich möchte Ihnen für Ihren Dienst danken. In all den Jahren hat er mir viel bedeutet. Ruth Baker."

Ich fühlte, ich sollte diesen Augenblick nutzen, um diesen Leuten meine Wertschätzung auszudrücken, doch die Empfangsdame im Büro sagte mir, Ruth Baker hätte vor zwei Monaten eine schwere Rückenverletzung erlitten und sei bei sich zu Hause, weil sie nicht arbeiten könne.

Gott hatte mir im Lauf der Jahre eine spezielle Gabe des Glaubens für den Dienst an Menschen mit Rückenproblemen gegeben. Die meisten, für die ich betete, wurden geheilt – manche sofort, manche schrittweise. Selbstverständlich war ich nicht nach Jerusalem gekommen, um Krankenbesuche zu machen, aber ich hatte das Gefühl, es wäre unbarmherzig, wenn ich dieser Frau nicht zumindest meine Hilfe anbieten würde.

„Denken Sie, es wäre der Dame recht, wenn ich für sie beten würde?", erkundigte ich mich im Büro. Die Mitarbeiter antworteten einstimmig und begeistert mit „Ja" und erklärten mir den Weg zu ihrer Wohnung.

Ein junger Mann namens David hatte mir einen Wagen zur Verfügung gestellt und fuhr mich durch Jerusalem; wir machten uns auf die Suche nach der Adresse, die wir im Büro bekommen hatten. Nachdem wir fast eine dreiviertel Stunde ohne Erfolg durch die engen und schlecht beschilderten Straßen Jerusalems gefahren waren, sagte ich zu David: „Offensichtlich ist das nicht im Willen Gottes. Drehen wir um und fahren wir nach Hause."

Genau dort, wo David wendete, sah ich mir nochmal die Hausnummer des Gebäudes auf der anderen Straßenseite an, und es war genau das Haus, das wir gesucht hatten!

Die Frau lag auf einem Diwan im Wohnzimmer. In ihrem Gesicht sah ich den Schmerz und die Abgespanntheit, wie man sie bei Menschen mit Rückenproblemen so oft findet. Nachdem ich ihr gesagt hatte, wie sie ihren Glauben freisetzen könne, legte ich meine Hand auf ihren Kopf und fing an zu beten. Dann gab mir der Herr völlig unerwartet ein prophetisches Wort für sie, das sowohl Ermutigung als auch Wegweisung beinhaltete. Als sich ihr Gesichtsausdruck erhellte, schloß ich daraus, daß dieses Wort ihre inneren Nöte angesprochen hatte. Wir unterhielten uns einige Minuten lang, woraufhin ich mich verabschiedete mit dem Gefühl, meine Pflicht getan zu haben.

Den Rest der Woche war ich nur sehr selten unterwegs; die meiste Zeit konzentrierte ich mich darauf, Gott zu suchen und von ihm eine Antwort darauf zu finden, wie es in Zukunft weitergehen werde. Aber ich bekam keine Antwort. Mein letzter Tag in Israel brach an, und ich hatte noch immer nichts von Gott gehört. Am nächsten Morgen mußte ich in aller Frühe zum Flughafen Ben Gurion aufbrechen.

An jenem Tag ging ich so gegen 11 Uhr abends zu Bett, konnte jedoch nicht schlafen. Mit einem Mal erkannte ich, daß die Grenzen gefallen waren und ich in direktem Kontakt mit Gott stand. Ich dachte überhaupt nicht mehr an Schlaf. Den Rest der Nacht sprach Gott zu mir. Die meiste Zeit über hörte ich, wie seine Stimme zu meinem Geist sprach und zwar mit einer ruhigen Autorität, die von niemand anderem als Gott selbst kommen konnte.

Er erinnerte mich daran, wie mein Leben bis zu diesem Zeitpunkt verlaufen war. Viele Begebenheiten und Lebensumstände, in denen Gott zu meinen Gunsten eingegriffen hatte, um mich zu schützen und zu leiten, zogen vor meinem inneren Auge vorbei. Er erinnerte mich auch an die diversen Verheißungen, die er mir im Lauf der Jahre gegeben hatte, an jene, die sich bereits erfüllt hatten und an jene, deren Erfüllung noch ausstand. Er versicherte mir, sie alle würden erfüllt werden, wenn ich weiterhin gehorsam vor ihm leben würde.

In den frühen Morgenstunden erschien dann ein recht eigenartiges, aber sehr lebendiges Bild vor meinen Augen. Ich sah einen Hügel, der sich steil vor mir erhob und mich an den Hügel erinnerte, der an der südwestlichen Ecke der Altstadt von Jerusalem zum Berg Zion hinaufführt. Ein Weg lief Zickzack vom Fuß des Hügels bis zu seinem Gipfel.

Ich wußte instinktiv, daß dies meinen Weg zurück nach Jerusalem symbolisierte. Er würde die ganze Zeit über steil nach oben führen. Er würde viele scharfe Biegungen nehmen und erst in die eine, dann in die andere Richtung gehen. Doch wenn ich beharrlich sein und durchhalten würde, würde er mich an den Ort bringen, den Gott für mich in Jerusalem ausgesucht hatte.

Das Markante an diesem Bild war jedoch eine Frau, die genau an dem Punkt, an dem der Weg nach oben anfing, auf dem Boden saß. Ihre Gesichtszüge waren europäisch, und sie war blond. Aber sie trug ein Kleid, das an den Stil erinnerte, wie er im Orient üblich ist; seine Farbe war schwer zu beschreiben, doch alles in allem war es grün. Besonders auffallend war ihre ungewöhnliche Haltung. Ihr Rücken war unnatürlich und verkrampft nach vorne gebeugt, und offensichtlich hatte sie Schmerzen. Mit einem Mal erkannte ich sie wieder. Es war Ruth Baker.

Warum hatte Gott mir diese Frau vor Augen gestellt und noch dazu in so einem eigenartigen Zusammenhang? Bevor ich die Frage ausformuliert hatte, wußte ich bereits die Antwort. Ich erhielt sie nicht durch logisches Nachdenken. Es war nicht einmal etwas, das Gott konkret zu mir gesagt hätte. Es war einfach da und zwar in einem Bereich meiner Gedanken, wo Zweifel keinen Zutritt haben. *Es war Gottes Absicht, daß diese Frau meine Frau werden sollte.*

Ich wußte ebenso sicher, weshalb diese Frau in dem Bild genau dort saß, wo der Weg nach oben anfing. Es gab keine andere Möglichkeit, auf den Weg zu kommen. Sie zu heiraten, würde der erste Schritt auf meinem Weg zurück nach Israel sein. Gott ließ mir keine Wahl.

Ein großes Durcheinander an Gefühlen brach in meinem Innersten los: Erstaunen, Angst, Begeisterung. Ja, einen Augenblick lang war ich sogar versucht, zornig auf Gott zu sein. Wie konnte er mich nur mit so einer Situation konfrontieren? Wollte er wirklich von mir, daß ich eine Frau heirate, der ich erst einmal begegnet war, eine Frau, von der ich nichts wußte? Ich wartete ab, ob Gott noch etwas dazu zu sagen hätte, vielleicht irgendeine Erklärung. Doch das war alles.

Mir war klar, daß ich nun sehr vorsichtig vorgehen mußte. In bestimmten christlichen Kreisen war ich sehr bekannt. Wenn ich nun einen törichten Schritt machen würde, insbesondere, was die Ehe anbetraf, würde ich den Herrn damit verunehren und ein Stolperstein für sein Volk werden. Ich beschloß, niemandem etwas von dem zu erzählen, was geschehen war. Ich würde die Angelegenheit einfach im Gebet vor dem Herrn bewegen und ihn nach weiteren Anweisungen fragen.

Als ich wieder in den Vereinigten Staaten war, betete ich einen Monat lang sehr ernsthaft und ausdauernd. Doch alles blieb wie es war. Die Vision war nach wie vor sehr lebendig in meinen Gedanken, ja, wenn überhaupt etwas geschah, dann wurde sie nur noch lebendiger. Am Ende dieses Monats hatte ich immer noch das Gefühl, Gott lasse mir keine Wahl. Er wollte mich mit Ruth Baker verheiraten.

Schließlich sagte ich zu mir: „Glaube ohne Werke ist tot. Wenn ich wirklich glaube, daß Gott mir seinen Willen gezeigt hat, dann fange ich besser an zu handeln." Also schrieb ich Ruth Baker in Jerusalem einen Brief und fragte sie, ob sie interessiert daran wäre, eine christliche Gemeinde in Kansas City zu besuchen, falls sie wieder einmal in die Vereinigten Staaten zurückkommen würde. Die Leute dort hätten ein besonderes Herz für Israel und auch enge persönliche Kontakte zu mir.

Postwendend bekam ich Antwort. Ruth war im Begriff, gemeinsam mir ihrer Tochter Israel zu verlassen, um die Vereinigten Staaten zu besuchen. Sie dankte mir für mein Engagement und wollte tatsächlich gerne die Gemeinde in Kansas City besuchen. Sie nannte mir einige Daten, die gut in ihren Zeitplan hineinpassen würden und eine Telefonnummer, unter der man sie in Maryland erreichen konnte.

Ohne lange zu warten, rief ich sie an, und wir machten die genaue Zeit aus, wann sie nach Kansas City kommen würde. Ich selbst würde in Kürze auf Dienstreise nach Südafrika gehen, aber ich arrangierte es so, daß ich in den ersten beiden Tagen von Ruths Besuch in Kansas City auch dort sein würde; gleich danach würde ich von dort aus nach Südafrika fliegen.

David, der junge Mann, der mich durch Jerusalem gefahren hatte, war Leiter der Gemeinde in Kansas City. Ruth, ihre Tochter und ich konnten in seinem geräumigen Haus übernachten. Am zweiten Tag wollte Ruth wegen eines Problems, das in Jerusalem entstanden war, einen Seelsorgetermin bei mir.

Als sie eintrat, machte ich ihr Komplimente wegen ihres ungewöhnlichen Kleides. „So tragen es die Araberinnen", erwiderte sie. „Ich kaufte es in der Altstadt."

Sie erklärte mir, daß es aufgrund ihrer Rückenprobleme sehr schmerzhaft wäre, längere Zeit auf einem normalen Stuhl zu sitzen. Mit meiner Zustimmung setzte sie sich auf den Boden, lehnte sich an die Wand und legte ihre Knie auf einer Seite ab.

Unweigerlich wanderten meine Gedanken zurück zu der Frau, die ich in jener Nacht am Fuß des Wegs sitzen gesehen hatte, der den Hügel hinaufführte. Es war nicht nur so, daß dieselbe Frau nun vor mir saß; sie trug auch dasselbe Kleid mit diesem ungewöhnlichen Schnitt und der besonderen Farbe, und sie saß in genau derselben verkrampften Haltung, die still von ihren Schmerzen zeugte. Jedes Detail stimmte!

Mir fehlten die Worte. Ich konnte sie nur völlig entgeistert anstarren. Dann ging ein wärmender Strom übernatürlicher Kraft durch meinen Körper und ich wurde mit einer unaussprechlichen Liebe zu dieser Frau erfüllt, die nach außen hin ja immer noch eine Fremde war. Einen Moment lang schwiegen wir beide. Mit gehöriger Willensanstrengung bändigte ich meine Emotionen und fing an, sie nach den Problemen zu fragen, aufgrund derer sie ein Seelsorgegespräch mit mir wollte.

Für den Rest unserer Unterhaltung arbeiteten meine Gedanken gleichzeitig auf zwei Ebenen. Auf der einen gab ich Ruth Rat bezüglich ihres Problems. Auf der anderen versuchte ich die Tragweite dessen zu ermessen, was gerade in mir geschah.

Bevor ich am folgenden Tag nach Südafrika aufbrach, fragte ich Ruth kurz nach ihren Plänen für die Zukunft. Sie wollte zum jüdischen Neujahrsfest und zu Yom Kippur (dem Versöhnungstag), die in jenem Jahr auf Ende September fielen, wieder in Jerusalem sein. Zufälligerweise hatte ich geplant, auf meinem Rückweg von Südafrika einige Tage Zwischenstop in Jerusalem zu machen. Ich verspürte den Drang, an Yom Kippur dort zu sein.

Während ich in Südafrika diente, grübelte ich die ganze Zeit darüber nach, was ich bezüglich Ruth nun als nächstes unternehmen sollte. Zwei Dinge waren zumindest klar: Gott wollte, daß ich sie heiratete und ich war in sie verliebt. Ich mußte nun den nächsten Schritt gehen. Ich beschloß, Ruth ein Telegramm zu schicken und sie für den Tag vor Yom Kippur um neun Uhr morgens zum Frühstück ins King David Hotel in Jerusalem einzuladen.

Mein Dienst in Südafrika endete mit einem Wochenende in einer Gemeinde in Pretoria, die mir eine großzügige Liebesgabe in südafrikanischen Rand mitgab. Aufgrund der gesetzlichen Bestimmungen war es mir nicht erlaubt, das Geld außer Landes mitzunehmen. Es in Dollar umzuwechseln würde viel Zeit in Anspruch nehmen. Dann fiel mir ein, daß Südafrika für seine

Diamanten berühmt ist, und im nächsten Moment beschloß ich, einen zu kaufen. Man gab mir die Adresse eines Juweliers in Pretoria, der auch Mitglied der Gemeinde dort war. Er zeigte mir eine ganze Palette von Diamanten und erklärte mir die besonderen Merkmale eines jeden einzelnen. Schließlich entschloß ich mich für einen, der meiner Meinung nach noch eine Nuance mehr funkelte als alle anderen. Der Geschäftsinhaber verpackte ihn vorsichtig in ein Stück Papier, das er mehrmals zusammenfaltete und sagte mir, ich solle ihn in der Jackentasche aufbewahren. Meines Erachtens war das ein recht lässiger Umgang mit einem Diamanten, aber ich folgte seinem Rat.

Als ich den Laden verlassen wollte, bemerkte ich eine sehr schöne, in Gold gefaßte Tigeraugenbrosche. Der Ladeninhaber nannte mir ihren Preis und ich zählte nach, wie viele Rand ich noch hatte. Es reichte gerade und so kaufte ich auch noch die Brosche und ließ sie als Geschenk verpacken.

Zwei Tage später nahm ich um dreiviertel neun Uhr morgens im Foyer des King David Hotels in Jerusalem Platz. Ich setzte mich in einen Sessel, von dem aus ich die Drehtür am Eingang sehen konnte. Mich beschäftigte nur eine Frage: Würde Ruth zu unserer Verabredung kommen?

Exakt um neun Uhr kam sie durch die Drehtür. Ich stand auf, begrüßte sie und führte sie in den großen Speisesaal, wo ein reichhaltiges Frühstücksbuffet auf uns wartete.

Ich war sehr überrascht, daß wir uns gleich von Anfang an recht zwanglos unterhielten. Ich berichtete von den verschiedenen Veranstaltungen in Südafrika. Dann holte ich das Päckchen mit der Tigeraugenbrosche aus meiner Tasche. „Ich habe da noch ein Mitbringsel aus Südafrika für dich", sagte ich.

Ruth öffnete das Päckchen und nahm die Brosche heraus: „Sie ist wunderschön!" rief sie. „Ich weiß nicht, wie ich dir danken soll." Ihre Augen funkelten und man sah ein kurzes Erröten über ihr Gesicht huschen. Ich erinnerte mich an den goldenen Ring, den Isaak Rebekka durch Abrahams Knecht überbringen ließ – und an alles, was daraufhin folgte, als sie ihn akzeptierte.

Nach dem Frühstück gingen wir in die Hauptsynagoge in der King George Avenue, um uns Eintrittskarten für die Yom Kippur

Gottesdienste zu holen. Als wir zum Hotel zurückkamen, schlug ich vor, den Rest des Vormittags am Swimmingpool zu verbringen; ich bat Ruth, mir ein wenig über sich zu erzählen und über die Umstände, die sie nach Jerusalem gebracht hatten. Wie ich erwartet hatte, zog sich ein roter Faden des Leids durch ihre Lebensgeschichte, deren Höhepunkt die Gnade und Güte Gottes war, der sie zu sich gezogen und dazu berufen hatte, ihm in Israel zu dienen.

Ich hatte besonderes Interesse an der Antwort auf eine Frage: Wie hatte ihre Ehe geendet? Wenn durch Scheidung, wie ich vermutete, dann aus welchen Gründen? Ich hatte mich früher in meinem geistlichen Dienst eingehend mit der biblischen Lehre über Scheidung und erneute Heirat befaßt. Ich hatte daraus den Schluß gezogen, daß eine Person, die sich aufgrund von klar erwiesener Untreue von ihrem Ehepartner scheiden läßt, eindeutig von der Bibel her das Recht hat, noch einmal zu heiraten, ohne dadurch das Stigma der Schuld oder der Minderwertigkeit tragen zu müssen. Als ich Ruths Geschichte hörte, war ich beruhigt, daß ihr Fall genau in diese Kategorie gehörte.

Es schien ganz natürlich zu sein, unsere Unterhaltung bei einem verspäteten Mittagessen fortzusetzen. Doch wie ich wohl erwartet hatte, ließ Ruths Kraft schließlich nach. Sie konnte nicht mehr reden. Jetzt kam mein großer Moment!

Erst zögerte ich einen Augenblick, dann erzählte ich ihr so klar und deutlich, wie ich nur konnte, von der Vision des Weges, der den Hügel hinauf führte und an dessen Fuß sie saß.

„Deshalb habe ich dich nach Kansas City eingeladen", fuhr ich fort, „und deshalb habe ich dich auch heute hierher eingeladen. Ich glaube, es ist Gottes Absicht, daß wir heiraten und ihm gemeinsam dienen." Nach einer Pause fügte ich hinzu: „Du kannst jedoch nicht auf der Grundlage einer Offenbarung, die Gott mir gegeben hat, deine Entscheidung treffen. Du mußt es selbst von ihm hören."

Ruth antwortete schlicht und einfach und sehr ruhig, Gott hätte bereits in derselben Sache zu ihr gesprochen. „Nachdem wir gemeinsam in Kansas City waren", erklärte sie, „sagte ich zum Herrn, ich würde ja sagen, wenn du mir einen Heiratsantrag machen würdest."

In diesem Augenblick wußten wir beide, daß wir „ja" zueinander gesagt hatten.

Nach dem Gottesdienst in der Synagoge am gleichen Abend erzählte ich Ruth von meiner Beziehung mit den anderen vier Bibellehrern.

„Wir sind übereingekommen, daß wir keine wichtigen persönlichen Entscheidungen treffen wollen, ohne vorher den Rat der anderen einzuholen", erläuterte ich. „Aus diesem Grund habe ich nicht die Freiheit, mit uns beiden weiterzugehen, bevor ich mit meinen Brüdern darüber gesprochen habe. Doch ich glaube, daß Gott seinen Willen offenkundig gemacht hat und ihn in die Tat umsetzen wird."

Während des darauffolgenden Fastentags verbrachten Ruth und ich viel Zeit zusammen; wir warteten auf den Herrn und weihten ihm unser Leben ganz neu für seine Ziele. Je näher wir dem Herrn kamen, desto näher fühlten wir uns einander.

Am nächsten Morgen verließ ich in aller Frühe Jerusalem. Im Flugzeug hatte ich Zeit, über alle vergangenen Ereignisse nachzudenken. Wie herrlich, dachte ich bei mir selbst, daß Gott es so arrangiert hat, daß unsere Beziehung am heiligsten Tag im jüdischen Kalender beginnt und gleich mit Gebet und Fasten besiegelt wird!

Kurz nachdem ich in die Vereinigten Staaten zurückgekehrt war, erzählte ich Charles Simpson, welche Bahn mein Leben eingeschlagen hatte; dennoch dauerte es über einen Monat, bevor ich mich mit allen vier Brüdern gemeinsam treffen konnte. Wir verbrachten einen halben Tag miteinander und diskutierten die Frage meiner Heirat mit Ruth. Als ich ihnen die Geschichte erzählte, wie Gott mich geführt hatte, wurde mir klar, wieviel davon subjektiv und übernatürlich war. Für mich war alles daran real und lebensnah, doch anderen könnte es durchaus weit hergeholt und etwas abstrus vorkommen.

Es gab da auch noch andere Probleme: Als Ruths Ehe in die Brüche ging, hatte man – wie ich es sah – gegen sie gesündigt; sie selbst hatte nicht gesündigt. Doch wenn von einer *geschiedenen* Frau oder einem *geschiedenen* Mann die Rede ist, bekommt man in christlichen Kreisen fast immer eine negative Reaktion, die nicht notwendigerweise die differenzierteren Aspekte der biblischen Auslegung in Betracht zieht. Sollte ich, ein prominenter Bibellehrer, eine geschiedene Frau heiraten, würden einige Leute unweigerlich daran Anstoß nehmen. Darüber hinaus war Ruth eine Halbinvalidin. Aus diesem Grund würde sie für den aktiven Stil meines Dienstes zwangsläufig mehr eine Last als ein Segen sein. Ich persönlich war davon überzeugt, daß Ruths Heilung voranschritt. Aber ich mußte zugeben, daß es nicht viele sichtbare Beweise gab, um dies zu erhärten.

Meine Brüder machten sich natürlich mehr Sorgen um mich als um Ruth. Sie befürchteten, eine unangebrachte Ehe zu diesem Zeitpunkt könnte dem guten Ruf meines gesamten Dienstes schaden und Gottes Absichten für den Rest meines Lebens vereiteln. Nach längeren Gesprächen sagten sie mir, sie könnten eine Ehe mit Ruth zu diesem Zeitpunkt nicht billigen. Auf meine Bitte hin gaben sie mir ein Schriftstück, das sie alle unterschrieben hatten und in dem sie kurz, aber mit Gnade, ihren Standpunkt erläuterten.

In dieser Phase mußte ich mich einer der schwersten Entscheidungen meines Lebens stellen. Meine Beziehung zu den anderen Bibellehrern war in keinerlei Hinsicht irgendwie rechtlich bindend und beruhte auch nicht auf einer konfessionellen Einbindung. Jeder von uns hatte die Freiheit, wenn es ihm richtig erschien, den eigenen Weg dieser gegenseitigen Verbundenheit vorzuziehen. Sollte ich jetzt diese Möglichkeit für mich in Anspruch nehmen?

Als ich das Für und Wider abwog, machte ich mir nicht in erster Linie darüber Sorgen, was meine Brüder wohl sagen würden, sondern darüber, was Gott selbst sagen würde. Für mich gibt es nichts Wichtigeres im Leben als Gottes Gunst.

Ich erinnerte mich an das Bild des Mannes, der vor Gott Gunst findet – wie David es in Psalm 15 beschreibt – und ganz besonders an die Aussage, dieser Mann halte seinen Eid, auch wenn er ihm schade (V.4). Eine Verpflichtung, der man sich entziehen kann, wenn sie einem nicht mehr genehm ist, ist im Endeffekt überhaupt keine Verpflichtung. Darüber hinaus hatte ich die Unterstützung meiner Brüder uneingeschränkt akzeptiert, als ich über Lydias Tod trauerte. Konnte ich einerseits ihren Trost annehmen, wenn er mir gut tat, und andererseits ihren Rat verwerfen, wenn er meinen eigenen Wünschen entgegenstand?

Meine Gefühle bezüglich Ruth blieben unverändert. Ich war nach wie vor davon überzeugt, daß sie Gottes kostbares Geschenk für mich war. Konnte es sein, daß Gott mich aufforderte, sie loszulassen? Ich dachte daran, wie Gott Abraham Isaak schenkte und ihn dann auf dem Berg Moria als Opfer zurückforderte. Erst als Abraham zeigte, daß er bereit war, das Opfer zu bringen, setzte Gott seinen ganzen Segen über Abraham, dem Opfernden, und über Isaak, dem Opfer, frei.

Ich hatte einmal ein Buch geschrieben mit dem Titel *The Grace of Yielding* („Es ist eine Gnade, sich beugen zu können").

Wenn ich selbst nicht willens wäre, der darin vorgetragenen Lehre zu folgen, würde mich mein eigenes Herz verurteilen als jemanden, der anderen etwas predigt, das zu halten er selbst nicht bereit ist. Ich erkannte, daß mir meine Überzeugungen keine Wahl ließen. Ich mußte mich der Entscheidung meiner Brüder beugen und es Ruth beibringen.

Schweren Herzens rief ich Ruth an, um es ihr zu sagen. Den einzigen Trost, den ich ihr geben konnte, war, daß ich in ungefähr zwei Wochen nach Jerusalem kommen würde, da ich mich dort im Zusammenhang mit einer geplanten Rundreise mit einigen anderen Leitern treffen wollte. Ich versprach, ihr alles Nähere zu erklären, wenn wir uns treffen würden.

Zwei Wochen später trafen wir uns erneut zum Frühstück im King David Hotel. Oberflächlich betrachtet war unsere Begegnung erstaunlich unemotionell. Ich erzählte Ruth alles, was geschehen war, und zeigte ihr das Schriftstück der Brüder.

„Ich habe das Gefühl, wir müssen jeden Kontakt zueinander abbrechen", sagte ich, „außer dem Kontakt, den wir durch Gebet aufrechterhalten können."

Ruth versicherte mir, sie verstünde meine Entscheidung und stimme mit ihr überein. Es bedurfte keiner Worte, um einander zuzusichern, daß sich unsere Gefühle füreinander nicht geändert hatten. Das Frühstück war vorbei, Ruth stieg in ein Taxi, und ich sah ihm nach, bis es im Gewühl des Straßenverkehrs verschwunden war.

In den folgenden Tagen hielt ein trostloser Winter Einzug in meiner Seele. Das Leben war so leer geworden. Jede Aufgabe war eine einzige Plackerei. Meine engsten Freunde kamen mir so weit weg vor.

Doch dann tauchten völlig unerwartet einige Worte in meinen Gedanken auf und setzten sich dort fest: *Was im Herbst stirbt, wird im Frühjahr zu neuem Leben erweckt werden.* Ich begriff diese Worte nicht ganz, aber dennoch entzündeten sie in meiner Seele einen neuen Funken Hoffnung.

Gegen Ende des Jahres flog ich nach Australien, um dort zu dienen. Im Flugzeug, hoch über dem Pazifik, fiel mein Blick auf einen Vers in der Bibel, die aufgeschlagen auf meinen Knien lag: „Vom Ende der Erde werde ich zu dir rufen, wenn mein Herz überwältigt wird: Führe mich zu dem Felsen, der höher ist als ich" (Ps. 61,2; wörtl. a. d. Engl.). Ich war deswegen besonders beeindruckt, weil Australien, von Israel aus gesehen, das entfernteste Ende der Erde ist.

Das Ende der Erde, grübelte ich, *genau dorthin fliege ich ja jetzt!* Ich las die Worte noch einmal: „Vom Ende der Erde werde ich zu dir rufen ..." Führte mich Gott deswegen nach Australien? Nicht in erster Linie, um anderen zu dienen, sondern vielmehr, damit ich selbst Gott im Gebet suchte?

Während der Zeit in Australien erreichte das Gebet für mich eine neue Dimension. Ich erfüllte alle meine dienstlichen Verpflichtungen, doch den Rest der Zeit hielt ich für Gebet reserviert. Den Höhepunkt erlebte ich während der Woche in Adelaide, wo ich nur abends zu dienen brauchte. Jeden Tag gab ich mich in der Abgeschiedenheit eines kleinen Gästezimmers mit Klimaanlage in einem entlegenen Winkel eines Pfarrhauses mit meinem ganzen Sein dem Gebet hin. Einen Großteil der Zeit lag ich auf meinem Angesicht vor Gott.

Ich hatte den Eindruck, als kämpfte ich mich durch einen langen, dunklen Tunnel. Am anderen Ende gab es einen Ort der Erleichterung und Erfüllung für mich, doch dorthin führte kein anderer Weg als durch den Tunnel. Je länger ich betete, desto mehr kam ich voran. Schließlich erlebte ich am letzten Tag der Woche eine gewaltige Befreiung. Ich spürte, daß ich ins Licht am Ende des Tunnels hinausgetreten war.

Ab diesem Zeitpunkt wußte ich, daß meine gemeinsame Zukunft mit Ruth gesichert war. Kein Ringen mehr und keine Besorgnis. In der geistlichen Welt war die Angelegenheit nun geregelt. Ich konnte in stiller Zuversicht warten, bis dies auch in der sichtbaren Welt praktisch umgesetzt würde.

In den darauffolgenden Monaten hatte ich das Gefühl, als beobachte ich ein Schachspiel mit lebenden Figuren; die Hand eines Großmeisters bewegte eine nach der anderen an ihren richtigen Platz. Ich habe es Ruth überlassen, diesen Teil unserer Geschichte am Ende des Buches aus ihrer Perspektive zu erzählen. Hier sei es genug zu sagen, daß Gott in den Herzen meiner Mitbrüder genauso mächtig wirkte wie in meinem. Überdies schenkte er Ruth die vollkommene Heilung, für die wir ihm unser Vertrauen geschenkt hatten. Im April 1978 verkündeten Ruth und ich unsere Verlobung; im Oktober darauf heirateten wir. Charles Simpson leitete die Trauung; gemeinsam mit den anderen Bibellehrern wurden wir dem Herrn geweiht. Wie stark spürten wir die Gunst Gottes über uns!

Mit Ruth an meiner Seite begann eine neue Phase meines Dienstes. Mit 63 hätte ich leicht davon ausgehen können, daß meine Energie und meine Aktivitäten nach außen allmählich nachlassen würden. Doch das Gegenteil traf ein: mein gesamter Dienst expandierte in einer Art und Weise, die ich nie vorgesehen hatte. Innerhalb weniger Jahre erreichte ich durch Radioprogramme, Bücher, Kassetten und meinen persönlichen Dienst fast die ganze Welt. Am meisten begeisterte mich, daß mein Radioprogramm Millionen von Menschen erreichte, die Gottes Wort auf einem anderen Weg niemals gehört hätten.

Ruths unerschütterliche Liebe und kompromißloses Engagement haben mir die Kraft und das Vertrauen geschenkt, die neuen Herausforderungen, die Gott mir vorlegt, immer wieder anzunehmen. Jedoch die Grundlage unseres Erfolgs ist unser Dienst der täglichen Fürbitte. Darin haben wir eine vollkommene „Übereinstimmung" erlangt, eine Harmonie im Geist, die das Gebet unbezwingbar macht.

Während Ruth und ich Seite an Seite arbeiteten, fügte Gott meinem Heilungsdienst eine neue Dimension hinzu. Jetzt predige ich oft eine Stunde lang oder länger, dann dienen wir beide vier oder fünf Stunden lang den Kranken, und Gott bezeugt dabei auf übernatürliche Weise die Wahrheit des Wortes, das ich zuvor gepredigt hatte. Bevor solche Veranstaltungen zu Ende sind, legen Ruth und ich manchmal anderen Ehepaaren die Hände auf und übertragen ihnen denselben übernatürlichen Dienst, den Gott uns gegeben hat.

Diese Ausdehnung unseres Dienstes hat uns auf langen und anstrengenden Reisen in immer mehr neue Länder geführt. Wir werden mit Widrigkeiten konfrontiert, hervorgerufen durch ständig wechselndes Klima, andere Ernährung und andere Kulturen. In solchen Situationen erkennt Ruth das, was ich brauche, viel schneller als ich und hat immer wieder eine erstaunliche Erfindungsgabe an den Tag gelegt, um das, was erforderlich ist, zu beschaffen.

Auch in anderen Bereichen, wie z. B. Management oder kreatives Schreiben, hat Gott Ruth mit Fähigkeiten ausgestattet, die Nöten Abhilfe schafften, von denen ich nicht einmal wußte, daß sie auftauchen könnten. Immer wieder staune ich darüber, wie sich ihre und meine Fertigkeiten gegenseitig ergänzen, so wie ein Handschuh auf die Hand paßt. Wie in meiner ersten Ehe hat Gott mir auch jetzt wieder eine Hilfe gegeben, „die mir entspricht". Meine Bedürfnisse haben sich in den Jahren zwischen meinen beiden Ehen verändert. Doch Gott kümmert sich in meiner zweiten Ehe genauso perfekt um sie wie in meiner ersten.

In beiden Fällen folgte Gott seinem Plan für eine Ehe, den er am Anbeginn der Menschheitsgeschichte festgelegt hatte. Wie es bei Lydia war, so war es auch bei Ruth. Gott sah ganz genau voraus, welche Frau ich brauchen würde; er bereitete sie sorgfältig für mich vor; er stellte sie auf den Weg, den ich gehen würde und er zeigte mir in ihr genau die Hilfe, die er für mich ausgesucht hatte.

In beiden Fällen bewirkte die Umsetzung des Planes Gottes auch das Einswerden von zwei Personen, was sein Endziel für jede Ehe ist.

Der göttliche Weg in die Ehe

4

Die Pforte

Im ersten Kapitel gab ich einen kurzen Abriß der biblischen Prinzipien, die mit dem Eintritt in die Ehe zu tun haben; in den darauffolgenden beiden Kapiteln zeigte ich auf, daß meine persönlichen Erfahrungen mit der Ehe – zunächst mit Lydia, dann mit Ruth – ganz erstaunlich in exakter Übereinstimmung mit diesem biblischen Muster stehen. Da das Verständnis dieser Prinzipien eine wesentliche Voraussetzung für alles Folgende ist, dürfte es hilfreich sein, sie an dieser Stelle noch einmal etwas detaillierter darzustellen:

1. Gott selbst rief am Anfang der Menschheitsgeschichte die Ehe ins Leben. Der Mensch war an ihrer Planung überhaupt nicht beteiligt. Der Mensch kann sie ohne göttliche Offenbarung nicht verstehen, geschweige denn, sie zu einem Teil seines Erfahrungsschatzes machen.

2. Die Entscheidung, der Mann solle heiraten, ging von Gott aus, nicht vom Mann.

3. Gott wußte, welche Hilfe der Mann brauchte, der Mann selbst jedoch nicht.

4. Gott bereitete die Frau für den Mann vor.

5. Gott führte die Frau zum Mann. Der Mann mußte sich nicht auf die Suche nach ihr machen.

6. Gott bestimmte, wie ihr Zusammenleben, dessen Endziel ihre Einheit war, aussehen sollte.

7. Jesus hielt an Gottes ursprünglichem Plan für die Ehe fest; er war bindend für alle, die seine Jünger werden würden und ist auch heute noch in Kraft.

Der Standard, den Gott auf diese Weise für die Ehe vorgegeben hat, ist hoch, aber nicht unerreichbar. Viele Christen in aller Welt aus unterschiedlichen Nationen und Kulturen können bezeugen, daß Gottes Plan funktioniert. Jeder Christ, der bereit ist, die Bedingungen zu erfüllen, kann die Verwirklichung dieses Plans in seinem oder ihrem Leben selbst erleben.

Was sind nun die Bedingungen? Es gibt eine Bedingung, die von herausragender Bedeutung ist und wie eine Pforte an der

Schwelle zu dem Leben steht, das Gott für sein Volk bereitet hat. Alle, die in Gottes Plan für ihr Leben eintreten wollen, müssen durch diese Pforte gehen. Dies gilt ganz besonders für Gottes Plan der Ehe, erstreckt sich jedoch auch auf alle anderen Bereiche des christlichen Lebens.

In Römer 12,1 stellt uns Paulus unmittelbar vor diese Pforte: „Ich ermahne euch nun, Brüder, durch die Erbarmungen Gottes, eure Leiber darzustellen als ein lebendiges, heiliges, Gott wohlgefälliges Opfer, was euer (geistlicher) Gottesdienst ist." In den vorangehenden elf Kapiteln des Römerbriefes erläutert Paulus die grenzenlose Güte Gottes zu den Menschen und legt dar, daß er für alle Menschen, Juden und Heiden, durch den Opfertod Jesu Christi für alles Sorge getragen hat. Jetzt kommt er zu der Reaktion, die Gott von jedem einzelnen von uns haben möchte. Sie ist einfach und nüchtern: Stellt Gott eure Leiber als lebendiges Opfer zur Verfügung.

Gott fordert dieses Opfer von uns, damit sein Plan funktionieren kann. Doch weshalb unterstreicht Paulus, daß es ein *lebendiges* Opfer sein muß? Weil er den Gegensatz zu den Opfern im Alten Testament aufzeigen will, die zunächst getötet und dann tot auf den Altar gelegt wurden. Gott fordert von jedem Gläubigen im Neuen Testament, seinen oder ihren Leib genauso bedingungslos auf den Altar zu legen – aber es muß ein *lebendiger* Leib sein, einer, der aktiv und im Dienst Gottes hingegeben ist. Das Opfer muß genauso vorbehaltlos wie früher sein. Im Neuen wie im Alten Testament fordert Gott uneingeschränkte und unbedingte Kapitulation.

Wenn Sie Gott auf diese Art und Weise Ihren Leib hingeben, dann bedeutet das, daß Sie ihn nicht mehr als Ihr Eigentum beanspruchen und jede Herrschaft über ihn abtreten. Sie entscheiden nicht mehr, wo er hingehen, was er essen oder anziehen oder welchen Dienst er tun soll. All das wird jetzt von Gott entschieden, dem Sie die uneingeschränkte und letztendliche Kontrolle übergeben haben. Da er Ihr Schöpfer ist, weiß er besser als Sie, was er in und durch Ihren hingegebenen Leib bewirken kann.

Diese Hingabe hat zunächst zur Folge, daß Ihr Leib heilig wird. In Matthäus 23,19 erinnert Jesus die Pharisäer daran, daß der Altar das Opfer, das auf ihm liegt, heiligt bzw. heilig macht, und nicht umgekehrt. Dasselbe gilt auch für Ihren Leib, wenn er auf den Altar Gottes gelegt wird. Auf diese Weise wird er geheiligt, heilig gemacht, für Gott abgesondert.

Das ist von besonderer Bedeutung für all jene, die eine Ehe in Erwägung ziehen, denn die Ehe ist eine Einheit, in der zwei *Leiber* eins gemacht werden. Von Anfang an erklärte Gott: „Die zwei werden ein *Fleisch* sein." Was für ein unschätzbares Vorrecht, einen Leib in diese Einheit einzubringen, der heilig gemacht worden ist!

Leider haben viele junge Menschen in unserer Zeit ihren Körper durch Drogen, unerlaubte oder unnatürliche Formen von Sexualität oder durch zahlreiche andere erniedrigende Praktiken mißbraucht und entweiht. Ist es nun möglich, daß solche Menschen einen Leib in die eheliche Einheit einbringen, der heilig gemacht worden ist und keinen Grund zur Scham mehr bietet? Ja. Durch den Altar in Form des Todes Jesu am Kreuz bietet Gott sogar jenen einen heiligen Leib an. Denn das Blut Jesu, das auf dem Altar vergossen wurde, „... reinigt uns von jeder Sünde" (1. Joh. 1,7).

Paulus warnt die Christen in Korinth: „Keiner, der unzüchtig lebt ... kein Ehebrecher, kein Mensch, der sich von seinen Begierden treiben läßt und homosexuell verkehrt ... kein Trinker ..." wird einen Platz im Himmel haben (1. Kor. 6,9-10; Hoffnung für alle). Am Ende dieser Aufzählung fügt er noch hinzu: „Und das sind manche von euch gewesen; aber ihr seid abgewaschen, aber ihr seid geheiligt, aber ihr seid gerechtfertigt worden durch den Namen des Herrn Jesus und durch den Geist unseres Gottes" (V.11).

Später schreibt Paulus an dieselben Leute und sagt: „Ich habe euch ja einem einzigen Manne verlobt, um euch Christus als eine *reine Jungfrau* zuzuführen" (2. Kor. 11,2; Menge; Hervorhebung vom Autor). Was für eine unglaubliche Umgestaltung, die Paulus hier skizziert: von den Tiefen der Erniedrigung zu makelloser Gerechtigkeit und Heiligkeit! So mächtig wirkt das Blut Jesu für jene, die ihren Leib als Opfer auf den Altar legen.

In Römer 12,2 fährt Paulus fort und beschreibt die zweite Auswirkung dessen, daß wir unseren Leib auf Gottes Altar legen: „Und seid nicht gleichförmig dieser Welt, sondern werdet verwandelt durch die Erneuerung des Sinnes, daß ihr prüfen mögt, was der Wille Gottes ist: das Gute und Wohlgefällige und Vollkommene."

Als Reaktion auf Ihre Hingabe wird Gott das für Sie tun, was Sie selbst durch keine noch so große Willensanstrengung schaffen können: Er wird Ihren Sinn erneuern. Er wird Ihr ganzes Denken verändern. Das umfaßt all Ihre Ziele, Wertvorstellungen, Grundhaltungen und Ihre Prioritäten. All dies wird mit den Gedanken Gottes in Übereinstimmung gebracht werden. Diese innere Veränderung wird sich nach außen hin an Ihrem Verhalten zeigen. Sie werden nicht länger „gleichförmig" sein und sich wie die Menschen in Ihrem Umfeld benehmen, die keine Erneuerung erlebt haben. Stattdessen werden Sie „verwandelt" werden und mehr und mehr das Wesen und den Charakter Gottes in Ihrem Verhalten demonstrieren.

Solange Sie diese Erneuerung Ihres Sinnes nicht erleben, bleibt Ihnen der Zugang zu vielen wunderbaren Dingen verschlossen, die Gott für Sie geplant hat. In Römer 8,7 bezeichnet Paulus den alten, nicht erneuerten Sinn als „Gesinnung des Fleisches", die „... Feindschaft gegen Gott ist, denn sie ist dem Gesetz Gottes nicht untertan, sie kann das auch nicht". Einer Gesinnung, die in Feindschaft gegen Gott steht, wird er seine Geheimnisse nicht offenbaren und seine Schatzkammern nicht aufschließen. Doch wenn Ihr Sinn erneuert ist, werden Sie nach und nach all das entdecken, was Gott für Ihr Leben geplant hat.

Gott wird Ihrem erneuerten Sinn seinen Plan schrittweise enthüllen. Paulus umschreibt ihn mit drei Worten – das Gute und Wohlgefällige und Vollkommene.

Sie werden als erstes entdecken, daß Gottes Plan für Sie stets *gut* ist. Gott plant nie etwas Schlechtes oder Schädliches für seine Kinder. Wenn Sie diese Entdeckung machen, müssen Sie vielleicht Lügen des Teufels von sich weisen. Er wird Ihnen überaus hartnäckig vorsagen, eine uneingeschränkte Hingabe an Gott werde Sie alles kosten, was das Leben interessant und aufregend macht. Er wird Ihnen negative und unterschwellige Andeutungen einflüstern: „Du wirst alles aufgeben müssen, was dir Spaß macht ... Du wirst nicht viel besser als ein Sklave leben ... So ein Leben wird doch nur grau in grau werden ... Du wirst all deine Freunde verlieren ... Deine Persönlichkeit wird sich nie richtig entwickeln können ..." und so weiter.

Doch in Wirklichkeit ist genau das Gegenteil der Fall. Gottes Plan ist nicht nur *gut*, er ist auch *wohlgefällig*. Die volle Hingabe an Gott ist die Pforte zu einem Leben voller Herausforderungen und Freuden, die man auf keine andere Art und Weise erfahren kann. Im Lauf der Jahre bin ich schon vielen Christen begegnet, die in dieser Art von Hingabe leben. Aber ich habe nie einen getroffen, der dies bedauert hätte. Ich kenne auch andere Christen, die herausgefordert wurden, ihr Leben so hinzugeben, sich jedoch weigerten. Fast ausnahmslos lebten sie ein frustriertes und unerfülltes Leben.

Wenn Sie nun Schritt für Schritt vorwärtsgehen und entdecken, was Gottes Plan beinhaltet, werden Sie über das *Gute* und *Wohlgefällige* hinausgehen und zum *Vollkommenen* gelangen. Gottes Plan, dem man sich in seinem vollen Ausmaß hingegeben hat, ist vollkommen. Er ist vollständig. Nichts fehlt. Er schließt jeden Lebensbereich ein, hat ein Mittel gegen jede Not, schenkt Befriedigung für jede Sehnsucht.

Wenn die Ehe ein Teil des Planes Gottes für Sie ist, dann können Sie darauf vertrauen, daß er sowohl für Sie als auch für den Partner, den er für Sie bestimmt hat, jedes Detail richtig arrangieren wird. Er wird Sie mit einer Person zusammenführen, die so exakt zu Ihnen paßt, daß Sie gemeinsam mit ihr die Ehe so erleben können, wie Gott sie ursprünglich geplant hatte. Das wird sich auf einer Ebene abspielen, die höher ist als alles, was die Welt je zu träumen wagt.

Vielleicht haben Sie sich noch nie für eine solche Hingabe an Gott entschieden. Vielleicht haben Sie Gott Ihren Leib noch nie als ein „lebendiges Opfer" hingegeben. Vielleicht ist Ihnen auch neu, daß Gott dies von Ihnen möchte. Doch jetzt, in dem Moment, stehen Sie vor dieser Pforte, vor dem Schritt zur vorbehaltlosen Hingabe an Gott. Sie sehnen sich danach, all das zu entdecken, was auf der anderen Seite auf Sie wartet und doch haben Sie Angst. Sie hören auch schon, wie Ihnen der Teufel unterschwellig seine Gedanken einflüstert.

Ich möchte Ihnen sagen, daß ich Ihre Gefühle sehr gut verstehe. Vor mehr als vierzig Jahren stand ich auch vor derselben Pforte. Ich erlebte dieselben inneren Spannungen: die Sehnsucht danach, alles zu erforschen, was auf der anderen Seite lag; die Angst davor, was es mich kosten würde. Viele Fragen schossen mir durch den Kopf: Was werden meine Freunde sagen? Und meine Familie? Was ist mit meiner Universitätskarriere? Schließlich faßte ich einen Entschluß. Ich gab mein ganzes Leben Gott hin.

Seither habe ich diese Entscheidung nie bedauert und war auch nie versucht, sie zu widerrufen. Sie bahnte den Weg in ein Leben, das erwiesenermaßen reicher, erfüllter und aufregender ist, als ich es je zu träumen gewagt hätte. Dazu gehörte auch eine Partnerin, die Gott in meinen beiden Ehen für mich vorbereitet hatte. Eins kann ich mit voller Gewißheit sagen: *Gottes Plan funktioniert!*

Ich kann Sie nun nicht durch diese Pforte hindurchschleusen. Nicht einmal Gott kann das. Aber ich kann Ihnen zeigen, wie Sie durch diese Pforte eintreten können. Es ist lediglich eine Entscheidung erforderlich und danach ein einfaches Gebet. Wenn Sie bereit sind, die Entscheidung zu treffen, dann möchte ich Ihnen folgendes Gebet nahelegen:

Herr Jesus Christus, ich danke dir, daß du dich am Kreuz als Opfer für meine Sünden hingegeben hast, damit ich Vergebung und ewiges Leben erlange. Im Gegenzug gebe ich mich nun dir hin. Ich lege meinen Leib als lebendiges Opfer auf deinen Altar. Von jetzt an gehöre ich dir voll und ganz. Mach mich zu dem, der ich deinem Willen nach sein soll; führe mich dorthin, wo du mich haben willst. Offenbare mir deinen Plan für mein Leben.

Besiegeln Sie nun Ihre Entscheidung, indem Sie dem Herrn danken. Danken Sie ihm, daß er Ihre Worte gehört und Sie aufgenommen hat. Danken Sie ihm dafür, daß Ihr ganzes Leben nun sein ist. Er ist nun für Sie verantwortlich. Er wird Ihnen jede Tür seines Willens öffnen. Er wird jeden Plan, jedes Ziel, das er für Ihr Leben hat, verwirklichen.

All jenen, die sich so vorbehaltlos dem Herrn hingegeben haben – entweder beim Lesen dieser Seiten oder schon zu einem früheren Zeitpunkt –, kann ich etwas garantieren: wenn Sie in diesem Buch weiterlesen und dem Rat, den es zum Thema Ehe anbietet, folgen, dann werden Sie herausfinden, was Gott für diesen Bereich Ihres Lebens geplant hat, und sein Plan wird verwirklicht werden. Aber vergessen Sie eins nicht: von jetzt an sind es nicht mehr Sie selbst, der die Entscheidungen trifft. Vielmehr finden Sie heraus, wofür Gott sich entscheidet, und machen diese Entscheidung zu Ihrer eigenen.

Es gibt noch einen Punkt, den Sie festhalten sollten: Gott gibt denen sein Bestes, die ihm die Entscheidung überlassen.

5
Es gilt, vier Grundhaltungen zu fördern

Jetzt, da der Heilige Geist im Begriff ist, Ihre Gedanken zu erneuern, können Sie zu den nächsten zwei Bereichen in Ihrem Leben übergehen, die Sie in Übereinstimmung mit Gottes Anforderungen bringen müssen – Ihre Grundhaltungen und Taten. Dieses Kapitel konzentriert sich auf unsere Haltungen, das nächste auf unsere Taten.

Es ist sehr wichtig, hier die richtige Reihenfolge zu beachten: An erster Stelle stehen die Grundhaltungen, dann folgen die Taten. In allen Bereichen des menschlichen Lebens geht eine Einstellung einer Tat voraus und *bestimmt* sie. Wer die Grundhaltungen ignoriert und sich nur mit den Taten befaßt, zäumt das Pferd von hinten auf.

Das war auch der Grundgedanke, der hinter der Bergpredigt Jesu stand. Das mosaische Gesetz konzentrierte sich größtenteils auf äußerliche Handlungen, wie z. B. Mord oder Ehebruch; Jesus hingegen legte den Schwerpunkt auf die inneren Grundhaltungen: Zorn, Haß oder Lust im Herzen. Richtige Einstellungen werden unweigerlich auch richtige Taten nach sich ziehen; im Gegensatz dazu können schlechte Einstellungen *unmöglich* richtige Taten bewirken.

Meiner Meinung nach müssen Sie in vier konkreten Bereichen bestimmte Grundhaltungen fördern, wenn Sie in Gottes Plan für die Ehe eintreten möchten. Erstens: Ihre Einstellung zur Ehe; zweitens: Ihre Einstellung zu sich selbst; drittens: Ihre Einstellung zu anderen Menschen; viertens: Ihre Einstellung zu Ihren Eltern.

Natürlich wird ganz besonders Ihre Einstellung im dritten Bereich – wie Sie zu anderen Menschen stehen – entscheidend dafür verantwortlich sein, welche Einstellung Sie zu dem Partner haben, den Gott für Sie ausgewählt hat.

Zunächst also Ihre Einstellung zur Ehe. In diesem Bereich gibt es zwei Grundanforderungen: Hochachtung und Demut.

Sind Sie bereit, an die Ehe mit der Hochachtung heranzugehen, die ihr gebührt? Sehen Sie in ihr ein heiliges Geheimnis, das von Ewigkeit an in den Gedanken Gottes entstand und dem Menschen zu dessen unermeßlichem Gewinn und Segen offenbart wurde?

Jeder Christ, der über die Ehe nachdenkt, sollte immer wieder die Worte des Paulus in Epheser 5,25-32 lesen:

> Ihr Männer, liebt eure Frauen, wie auch der Christus die Gemeinde geliebt und sich selbst für sie hingegeben hat, um sie zu heiligen, sie reinigend durch das Wasserbad im Wort, damit er die Gemeinde sich selbst verherrlicht darstellte, die nicht Flecken oder Runzel oder etwas dergleichen habe, sondern daß sie heilig und tadellos sei. So sind auch die Männer schuldig, ihre Frauen zu lieben wie ihre eigenen Leiber. Wer seine Frau liebt, liebt sich selbst. Denn niemand hat jemals sein eigenes Fleisch gehaßt, sondern er nährt und pflegt es, wie auch der Christus die Gemeinde. Denn wir sind Glieder seines Leibes. 'Deswegen wird ein Mensch Vater und Mutter verlassen und seiner Frau anhängen, und die zwei werden ein Fleisch sein.' Dieses Geheimnis ist groß, ich aber deute es auf Christus und die Gemeinde.

Erkennen Sie, was Paulus hier sagt? Die Ehe zwischen zwei Menschen ist das irdische Gegenstück zur Beziehung zwischen Christus und seiner Gemeinde. Die Einheit, die Mann und Frau genießen, ist ein Vorbote der kommenden Einheit zwischen Christus und seiner Gemeinde, einer Einheit, in der Gott, der Schöpfer, und der Mensch, das Geschöpf, in innigem, vollkommenem und ewigem Einssein zusammengeführt werden. Allein die übernatürliche Gnade Gottes kann einen Mann und eine Frau in einer Beziehung zusammenführen, die ein Vorgeschmack auf so etwas Großartiges und Heiliges ist.

Wenn wir voll Hochachtung über dieses Geheimnis nachdenken, kommt jeder von uns unausweichlich an den Punkt, an dem er anerkennt: „Herr, ich kann nicht einmal ansatzweise begreifen, was du für mich mit der Ehe vorbereitet hast. Noch viel weniger kann ich es aus eigener Kraft erreichen. Deshalb lege ich demütig meine Hand in deine und bitte dich, mich zu lehren und zu führen."

Wenn das Ihre Grundeinstellung wird, dann können Ihnen die Worte aus Psalm 25,9 Gewißheit schenken und Sie in die Ruhe führen: „Gott leitet die Demütigen in dem, was recht ist, und führt sie seinen Weg" (wörtl. a. d. Engl.). Auf seine Art und Weise und zu seiner Zeit wird Gott Ihnen den Schlüssel in die Hand geben.

Der eine oder andere möchte an diesem Punkt vielleicht entgegnen: „Das ist mir zu hoch und zu schwer. Ich bin dessen weder würdig noch fähig."

Eine solche Reaktion ist nicht notwendigerweise falsch. Unzählige Ehen verlaufen unglücklich, weil Menschen heiraten, ohne ernsthaft darüber nachzudenken, was alles von ihnen gefordert werden wird. Leider gilt das nicht nur für Ungläubige, sondern auch für viele Christen.

Doch an diesem Punkt werden Sie mit dem zweiten Hauptpunkt konfrontiert: Ihre Einstellung zu sich selbst.

Selbstwertgefühl ist eines der wichtigsten Elemente eines erfolgreichen Lebens und nicht zuletzt auch einer erfolgreichen Ehe. Überdies ist es einer der vielen unbezahlbaren Pluspunkte, die Ihnen der Glaube an Christus schenkt. Aber vielleicht haben Sie dies noch nicht für sich entdeckt.

In diesem Zusammenhang denke ich an persönliche Probleme vieler Menschen: „Ich hatte eine unglückliche Kindheit." „Meine Eltern ließen sich scheiden." „Ich war noch nie erfolgreich." „Wenn ich mit anderen Menschen, besonders vom anderen Geschlecht, beisammen bin, fühle ich mich nicht wohl." „Ich kann nicht erkennen, was mir das Leben noch zu bieten hätte." Und so weiter, und so fort.

Das alles mag ja stimmen, doch wenn Sie Christ sind, hat all das keine Bedeutung mehr. Hören Sie doch, was Paulus sagt: „Daher, wenn jemand in Christus ist, so ist er eine neue Schöpfung; das Alte ist vergangen, siehe, Neues ist geworden" (2. Kor. 5,17).

Durch die Wiedergeburt sind Sie eine *neue Schöpfung* geworden. Gott hat Sie nicht angenommen und dann einfach nur ein paar Veränderungen und Verbesserungen vorgenommen. Er hat Sie durch und durch, von innen nach außen, neu gemacht.

Was Gott betrifft, so sind Ihnen nicht nur Ihre vergangenen Sünden und Fehler vergeben; darüber hinaus wurden alle Bücher vernichtet, in denen sie aufgezeichnet waren. Gott schenkt Ihnen einen totalen Neuanfang. Es liegt an Ihnen, dies im Glauben anzunehmen und dementsprechend zu handeln.

Im natürlichen Bereich verhält es sich so, daß die Annahme des eigenen Ichs und das Selbstwertgefühl eines Menschen in erster Linie auf der Liebe, Fürsorge und Zucht basiert, die er von seinen Eltern bekommen hat. Vor diesem Hintergrund fühlt er sich in seiner Identität sicher. Er weiß, wer er ist und woher er kommt. Doch Väter, die straffällig wurden oder verweichlicht waren, und Mütter, die entweder auch straffällig wurden oder sich ohne Erfolg abgemüht haben, gleichzeitig die Vater- und die Mutterrolle zu übernehmen, haben seit dem Zweiten Weltkrieg diesbezüglich weitreichende Veränderungen herbeigeführt. Infolgedessen werden wir heute mit einer Generation elternloser Kinder konfrontiert, die zwar erwachsen wurden, aber dennoch ständig von einem lähmenden Gefühl der Unzulänglichkeit und der Unsicherheit begleitet werden.

Dies ist ein Hauptgrund dafür, daß so viele Ehen und andere enge Beziehungen in die Brüche gehen. Unsichere Menschen sind schwierige Zeitgenossen. Sie können in einer Beziehung nicht zur Ruhe kommen; stattdessen brauchen sie ständig etwas, womit sie ihr Selbstwertgefühl aufpäppeln können. Doch immer wieder muß schon nach kurzer Zeit etwas Neues herhalten. Solche Menschen wissen nicht, wie man Liebe empfängt und können sie deshalb auch nicht weitergeben. Das zweite der beiden wichtigsten Gebote weist uns an, unseren Nächsten wie uns selbst zu lieben. Wenn wir jedoch nicht gelernt haben, uns selbst zu lieben, dann können wir auch unserem Nächsten nichts anbieten.

Durch den Glauben an Christus hat Gott ein göttliches Heilmittel für dieses Problem zur Verfügung gestellt, das in unserer heutigen Zeit so weit verbreitet ist: Er ist unser himmlischer Vater geworden. Er hat uns persönlich als seine Kinder angenommen. Er hat uns „... angenehm gemacht in dem Geliebten" (Eph. 1,6), d. h. in Jesus. Wir sind keine heimatlosen Kinder mehr, keine Waisen. Wir sind keine Fremdlinge mehr, Gott nicht mehr unbekannt. Wir sind Teil der besten Familie des Universums, der Familie Gottes. Und weil Gott uns angenommen hat, können wir auch uns selbst annehmen. Sich mit weniger zufriedenzugeben ist schlicht und einfach ein Zeichen von Unglauben. Vom „rechtlichen Standpunkt" her gilt all dies bereits ab dem Augenblick unserer Wiedergeburt. Doch was unsere persönliche Erfahrung mit dieser Tatsache betrifft, müssen wir der immer umfassenderen Erkenntnis dessen, wer wir in der Familie Gottes geworden sind, nachjagen. Dies geschieht, indem wir Stunde um Stunde in den Spiegel des Wortes Gottes schauen. Dort erkennen wir selbst, Schritt für Schritt, Detail für Detail, was es heißt, ein Kind Gottes zu sein. Während wir in diesen göttlichen Spiegel schauen, wirkt der Geist Gottes in uns und verwandelt uns in das Abbild dessen, was wir anschauen.

Paulus beschreibt diesen Prozeß in 2. Korinther 3,18: „Und wir alle, die wir mit unverhülltem Angesicht die Herrlichkeit des Herrn wie in einem Spiegel schauen, wir werden in dasselbe Bild verwandelt (von Herrlichkeit zu Herrlichkeit). Das kann nicht anders sein, weil der Herr, das heißt der Geist, hier wirksam ist" (Albrecht).

Sobald Sie auf der Grundlage Ihrer Beziehung zu Gott, Ihrem Vater, eine gesunde Einstellung sich selbst gegenüber gewonnen haben, sind Sie in der Lage, den dritten Hauptpunkt zu betrachten: Ihre Beziehungen zu anderen Menschen.

Am Anfang der Menschheitsgeschichte wurde der Mensch aufgrund seiner Rebellion gegen Gott und seines darauf folgenden Falls in das enge Gefängnis seines Ichs gesperrt. Seit diesem Zeitpunkt ist die Ichbezogenheit eine der offensichtlichsten Auswirkungen des teuflischen Einflusses auf das Leben eines Menschen. Im Rahmen meines Befreiungsdienstes an jenen, die von bösen Geistern geplagt werden, habe ich beobachtet, daß solche Menschen fast immer auch extrem ichbezogen sind. Es bereitet ihnen große Freude, stundenlang beim Seelsorger zu sitzen und in ermüdender Detailtreue all ihre Probleme auszubreiten. Sie erkennen nicht, daß sie die Gitterstäbe ihres Gefängnisses um so dicker machen, je mehr sie über sich selbst reden.

Ein nachhaltiger Effekt der Erlösung durch Christus ist unsere Befreiung aus diesem Gefängnis der Ichbezogenheit. Durch die Identifikation mit Christus wird es uns möglich, so mit anderen Menschen umzugehen wie Jesus selbst. Paulus erklärt in einfachen, nüchternen Worten, wie das funktioniert: „Denkt nicht immer zuerst an euch, sondern kümmert und sorgt euch auch um die anderen. Seid so gesinnt, wie es Christus Jesus war!" (Phil. 2,4-5; Hoffnung für alle / Albrecht)

Wenn eine Ehe scheitert oder unglücklich ist, läßt sich dies prinzipiell auf zwei Faktoren zurückführen: Rücksichtslosigkeit und Mangel an Einfühlungsvermögen auf einer oder auf beiden Seiten. Dies wiederum führt dazu, daß die Kommunikation auf der Strecke bleibt.

Diese grundsätzlichen Probleme können sich in verschiedenen Verhaltensweisen äußern, je nachdem, wie temperamentvoll die Betroffenen sind. Die offensichtlichsten Erscheinungsformen sind u.a.: Untreue auf dem Gebiet der Sexualität; Streitereien und Reibereien; jeder geht seinen eigenen Weg und lebt unabhängig vom anderen sein eigenes Leben. All diese Verhaltensweisen haben eins gemeinsam: sie vereiteln das letztendliche Ziel Gottes für die Ehe, nämlich die Einheit.

Die Gnade Gottes bietet uns durch die Erlösung zwei wirksame Gegenmittel an: Wertschätzung und Dankbarkeit. Wertschätzung ist die innere Reaktion, Dankbarkeit der äußere Ausdruck. Gemeinsam fungieren sie quasi als „Weichmacher", durch den zwei Menschen dauerhaft harmonisch zusammenleben können.

Fördern Sie also beides! Treten Sie jeder Situation und jeder Beziehung mit einer positiven Haltung gegenüber. Heben Sie alles daran hervor, was gut ist, sei es groß oder klein. Wenn Sie das Gute finden, dann drücken Sie unbedingt Ihre Wertschätzung darüber aus. So werden Sie zu einem Menschen, mit dem das Zusammenleben leicht fällt. Praktizieren Sie das im Verlauf Ihres Lebens in all Ihren Beziehungen, und Sie werden zur rechten Zeit in einer harmonischen Ehe den Gewinn daraus ernten.

Nehmen wir an, Sie haben ernsthaft für einen Partner gebetet, und Ihr himmlischer Vater hat Ihr Gebet erhört. Somit können Sie auch darauf vertrauen, daß er für Sie genau den Partner vorbereitet, den Sie brauchen und der bis ins Detail zu Ihnen paßt. Doch weil er so ein liebevoller Vater ist, wird er keines seiner geliebten Kinder Ihnen als Partner zur Seite stellen, bis er gewiß sein kann, daß Sie sie (oder ihn) so behandeln, wie jedes Kind Gottes behandelt zu werden verdient.

Nun bleibt noch eine wichtige Grundhaltung, über die wir nachdenken müssen: Ihre Einstellung zu Ihren Eltern. Vielleicht überrascht es Sie, daß dieser Punkt unter den Anforderungen für eine erfolgreiche Ehe angeführt wird. Und trotzdem gehört er hierher.

Der Apostel Paulus zitiert das fünfte Gebot und kommentiert es wie folgt:

> Ihr Kinder, gehorcht euren Eltern im Herrn, denn das ist recht. 'Ehre deinen Vater und deine Mutter' – das ist das erste Gebot mit Verheißung – 'auf daß es dir wohlgehe und du lange lebst auf der Erde.'

Paulus weist darauf hin, daß bei den vorangegangenen vier Geboten die Einhaltung nicht mit einer Verheißung gekoppelt war. Aber diesem fünften Gebot, das sich auf die Eltern bezieht, fügte Gott eine spezielle Verheißung hinzu: „... auf daß es dir wohlgehe ..." Zur selben Zeit weist dieses Gebot jedoch auch auf eine Bedingung hin: Wenn du möchtest, daß es dir wohlergeht, dann mußt du darauf achten, daß du deine Eltern ehrst. Wenn du andererseits deine Eltern nicht ehrst, dann kannst du auch nicht erwarten, daß es dir wohlergehen wird.

Vergessen Sie nicht, daß es möglich ist, seine Eltern zu ehren, ohne mit ihnen in allen Punkten übereinzustimmen oder alles zu übernehmen, was sie tun. In einigen Fragen sind Sie vielleicht überhaupt nicht der gleichen Meinung wie sie, bewahren ihnen gegenüber aber dennoch eine respektvolle Haltung. Wer seine Eltern auf diese Weise ehrt, ehrt auch Gott selbst, der dieses Gebot gegeben hat.

Ich bin überzeugt, daß eine richtige Einstellung gegenüber den Eltern eine wesentliche Voraussetzung für Gottes Segen über dem Leben eines Menschen ist. In all den Jahren, in denen ich es in der Lehre, in der Hirtenschaft, in der Seelsorge und in anderen Beziehungen mit Christen zu tun gehabt habe, ist mir nie jemand begegnet, der seinen Eltern gegenüber eine falsche Haltung hatte und dennoch den Segen Gottes genoß. So jemand legt womöglich in vielen Bereichen des christlichen Lebens viel Eifer an den Tag, engagiert sich in der Gemeinde und sprüht nur

63

so vor Energie in seinem Dienst. Vielleicht wartet im Himmel schon eine Wohnung auf ihn. Doch es gibt immer etwas, das in seinem Leben fehlt: der Segen und die Gunst Gottes.

Andererseits habe ich viele Christen gesehen, deren Leben eine revolutionäre Veränderung erfuhr, als sie sich ihre falsche Haltung gegenüber ihren Eltern eingestanden, darüber Buße taten und die notwendigen Veränderungen vornahmen. Ich erinnere mich noch an einen Mann, der überführt wurde, als sich herausstellte, daß er sein Leben lang Bitterkeit und Haß gegenüber seinem Vater gehegt hatte. Obwohl sein Vater schon tot war, reiste dieser Mann dennoch hunderte von Kilometern bis zu dem Friedhof, wo er begraben lag. Er kniete neben dem Grab nieder und schüttete in tiefer Reue und Buße vor Gott sein Herz aus. Erst als er wußte, daß ihm seine Sünde vergeben und er von deren bösen Auswirkungen befreit war, stand er wieder auf. Von da an änderte sich der Kurs seines Lebens grundlegend, und Frustration und Niederlage verwandelten sich in Sieg und Erfüllung.

Viele junge Paare ringen mit Eheproblemen, die sie nicht bis zu ihrer Wurzel zurückverfolgen können. Sie sind dem Herrn und einander hingegeben. Die Liebe zwischen ihnen ist echt. Und dennoch fehlt ein undefinierbares Etwas, nämlich die Gunst Gottes. In solchen Fällen empfehle ich dem Paar immer, ihre Haltung gegenüber ihren Eltern zu überprüfen und, wenn nötig, die von der Heiligen Schrift geforderten Veränderungen vorzunehmen. Auf diese Weise ist schon oft aus einer mühseligen eine erfolgreiche Ehe geworden.

Da in unserer heutigen Zeit so viele Eltern straffällig werden, muß man anerkennen, daß viele junge Menschen einen echten, legitimen Grund zur Klage haben. Oftmals wachsen sie in entzweiten Familien auf, in Elternhäusern, die durch Streitigkeiten zerrissen sind, in denen es weder die Liebe, noch die Fürsorge, noch die Zucht gibt, die jedes Kind mit Recht von seinen Eltern erwarten kann. Dennoch ist das keine Rechtfertigung für eine falsche Herzenseinstellung wie Groll oder Rebellion. Darüber hinaus wirken sich solche Haltungen überaus schädlich auf jene aus, die sie haben, und sind auf lange Sicht tödlicher als jede körperliche Krankheit, wie z. B. Krebs.

Es kam einmal ein junger Mann zu mir in die Seelsorge, der mit einer reizenden jungen Christin verlobt war. Er hatte seine Verlobte aufrichtig lieb und dennoch veränderte sich manchmal seine Haltung ihr gegenüber, so daß er sie haßte, auf sie zornig, ja fast schon gewalttätig wurde. Er war sehr überrascht, als ich anfing, ihn nicht über seine Einstellung zu seiner Verlobten, sondern vielmehr zu seinem Vater zu befragen. Er gab zu, daß er seinen Vater haßte und seit seiner Kindheit in Rebellion gegen ihn lebte. Ich forderte ihn auf, dies als Sünde zu bekennen, seine Rebellion aufzugeben und seinem Vater zu vergeben. Seit diesem Zeitpunkt hatte er keine Probleme mehr in der Beziehung zu seiner Verlobten. Wäre er von seiner falschen Haltung gegenüber seinem Vater nicht befreit worden, wäre seine Ehe letzten Endes ruiniert worden.

Genau betrachtet, zeugt es nicht notwendigerweise von großer geistlicher Reife, wenn man auf die richtige Haltung gegenüber seinen Eltern achtet. Das ist lediglich ein Zeichen von einsichtigem Handeln im eigenen Interesse.

Ein junger Mensch stellt sich nun vielleicht die Frage: „Was ist nun, wenn meine Eltern mich bitten, etwas Falsches zu tun, etwas, das im Gegensatz zu den Aussagen der Bibel steht? Bedeutet das etwa, daß ich ihnen dann gehorchen muß?"

Die Antwort darauf lautet mit allem Nachdruck: *Nein!* Wenn wir uns wirklich nur für eins von beiden entscheiden können – entweder Gott oder den Eltern zu gehorchen –, dann müssen wir so reagieren wie Petrus vor dem Hohen Rat: „Man muß Gott mehr gehorchen als Menschen!" (Apg. 5,29) Wenn es andererseits lediglich darum geht, daß ein junger Mensch seinen eigenen Willen in einem Punkt durchsetzen will, wo sich die Frage nach dem Ungehorsam gegenüber Gott überhaupt nicht stellt, dann gilt nach wie vor die Anforderung, den Eltern zu gehorchen.

Doch in erster Linie geht es in all dem nicht um Gehorsam, sondern um Unterordnung. Gehorsam ist eine *Tat*; Unterordnung ist eine *Haltung*. Selbst in einer Situation, in der sich ein junger Christ dafür entscheidet, daß sein Gehorsam gegenüber den Eltern Ungehorsam gegenüber Gott bedeuten würde, kann er dabei dennoch in einer Haltung der Unterordnung bleiben. Er kann zu seinen Eltern sagen: „In diesem Fall erlaubt mir mein

Gewissen nicht, das zu tun, was ihr von mir möchtet, aber ich respektiere und ehre euch dennoch."

Es geschieht öfters, daß sich die Einstellung der Eltern ändert, wenn ein junger Mensch eine Haltung der respektvollen Unterordnung bewahrt. Unterordnung bahnt Gott den Weg, um eingreifen zu können, doch Starrsinn versperrt ihm den Zugang.

Abschließend möchte ich Sie an die Warnung Jesu in Markus 4,24 erinnern: „Mit welchem Maß ihr meßt, wird euch gemessen werden, und es wird euch hinzugefügt werden." Welche Beziehung Sie zu anderen – zu Eltern, Familienmitgliedern, Freunden und Mitchristen – pflegen, wird sich nachhaltig darauf auswirken, wie jene zu Ihnen stehen und, was noch wichtiger ist, wie Gottes Beziehung zu Ihnen aussieht. Mit welchem Maß Sie messen, werden Sie auch selbst gemessen werden.

6
Acht Anhaltspunkte

Haben Sie sich eingehend mit den grundlegenden *Haltungen* beschäftigt, die Sie in die Lage versetzen werden, eine erfolgreiche Ehe zu führen? Wenn ja, dann ist es jetzt Zeit für Sie, über die verschiedenen *Taten* nachzudenken, die Teil ihres täglichen Lebens werden müssen, wenn Sie den Weg in eine Ehe nach Ihrem Wunsch finden und ihm folgen wollen. In diesem Kapitel werden acht solcher praktischer Punkte aufgeführt, die allesamt der Heiligen Schrift entnommen sind.

Bevor Sie weiterlesen, ist es jedoch wichtig für Sie zu verstehen, daß diese praktischen Punkte kein verbindliches Regelwerk darstellen sollen. Dem Leben eines Christen ist nicht nur dann Erfolg beschieden, wenn man Regeln aufstellt und sie befolgt. Ja, eigentlich sind Menschen, die nach solch einer Maxime leben, in der Regel sehr frustriert. Das liegt daran, daß sie den Unterschied zwischen Gesetz und Gnade nicht begriffen haben.

Das Gesetz arbeitet mit einer Reihe von äußerlichen Regeln, die in Tafeln aus Stein eingeritzt sind. Die Gnade arbeitet durch Gesetze, die der Heilige Geist ins Herz des Menschen schreibt. Allein der Heilige Geist, der auch „Finger Gottes" genannt wird, kann in die hintersten Winkel des menschlichen Herzens vordringen und dort die Gesetze des Lebens festschreiben. Ohne den Heiligen Geist kann die Gnade nicht wirken, und das Christenleben verkümmert zu einem Moralsystem mit einem derart hohen Standard, daß ihm kein Mensch je aus eigener Kraft gerecht werden kann.

Ich erinnere mich an unser Haus in Ramallah, wo Lydia und ich gleich nach unserer Hochzeit lebten. Im Wohnzimmer stand in einer Ecke eine Kletterpflanze mit feingliedrigen, glänzenden Blättern. Auf Arabisch hieß sie *dahabiya* – „die Goldene". Im Lauf der Jahre war sie in der Ecke, wo der Topf stand, die Wand hoch und quer über die ganze Decke bis zur gegenüberliegenden Ecke gewachsen.

Lydia hatte ihr eine sehr einfache Kletterhilfe gegeben. Sie hatte kleine Nägel in die Wand geschlagen, deren Köpfe nur wenige Millimeter hervorragten; auf diese Weise hatte sie der Pflanze den Weg vorgegeben, den sie wachsen sollte – zunächst die Wand hoch und dann quer über die Decke. Durch ein instinktives Verhalten, das ihr der Schöpfer mitgegeben hat, klammerte sich die Pflanze mit einer Ranke jeweils an einem Nagel fest, umschlang ihn und streckte sich nach dem nächsten aus. So gaben die Nägel den Weg nach oben und quer über die Decke vor, den die Pflanze wachsen sollte.

Ich möchte Sie bitten, die Lehre in diesem Kapitel so zu benutzen, wie diese Kletterpflanze die Nägel in Wand und Decke benutzte. Betrachten Sie die einzelnen Punkte nicht als Regeln, sondern als Richtschnur. Strecken Sie sich durch die Initiative und die Kraft des Heiligen Geistes in Ihnen nach jedem weiteren Anhaltspunkt aus. Praktizieren Sie diese Punkte in Ihrem täglichen Leben, bis Sie Ihnen in Fleisch und Blut übergegangen sind. Strecken Sie sich dann wiederum nach der nächsten Richtlinie aus. Und vergessen Sie nicht, daß entlang dieses Weges viel und ausdauerndes Gebet erforderlich sein wird.

In Prediger 12,11 verwendet Salomo ein ähnliches Bild, um die Lehre zu beschreiben, die er Gottes Volk nahebrachte: „Die Worte der Weisen sind wie Stacheln, und wie eingeschlagene Nägel sind die einzelnen Sprüche; sie sind von *einem* Hirten gegeben" (LÜ).

Wenn Sie sich nun mit diesen Leitlinien beschäftigen, dann betrachten Sie sie genauso: wie Stacheln, die Sie in ihrem Christenleben anspornen, und wie eingeschlagene Nägel, zu denen Sie sich ausstrecken und an denen Sie sich mit den Ranken Ihres Glaubens festhalten können. Denken Sie auch daran, daß sie alle von *einem* Hirten gegeben wurden, nämlich vom Herrn Jesus Christus, dem Hirten Ihrer Seele, der Sie liebt und der in allem für Ihr Wohlergehen gesorgt hat.

Punkt 1: „Eine Leuchte für meinen Fuß ist dein Wort, ein Licht für meinen Pfad" (Ps. 119,105).

Hier beschreibt David, wie wir den Weg durchs Leben finden können, den Gott für uns bereitet hat. Gottes Wort spendet das Licht, das wir dafür brauchen. Solange wir es uns zur Gewohnheit machen, diesem Wort in jeder Lebenssituation zu gehorchen, werden wir nie von dem Weg abkommen, den Gott für uns vorbereitet hat. Vielleicht können wir bisweilen nicht klar erkennen, wohin uns dieser Weg führen wird, aber wir können ruhig bleiben und gewiß sein, daß er uns zu dem von Gott bestimmten Zeitpunkt zur Erfüllung seines Planes für unser Leben führen wird.

Wie ich bereits an anderer Stelle geschrieben habe:

> Manchmal wird die Welt um uns dunkel sein. Die Sichtweite beträgt in jede Richtung vielleicht jeweils nur ein paar Meter. Womöglich liegen Probleme vor uns, die noch nicht gelöst wurden. Um die Ecke warten vielleicht Gefahren auf uns, doch in all dem haben wir eine Garantie: Wenn wir dem Wort Gottes, wie es uns in der jeweiligen Situation offenbart wird, aus einem aufrichtigen Herzen heraus gehorchen, werden wir nie im Dunkeln tappen. Wir werden unseren Fuß nie an einen Ort setzen, an dem wir betrogen werden, straucheln, uns verletzen oder eine Katastrophe erleben.
>
> Diese Garantie gilt jedoch nur für einen ganz bestimmten Bereich: für den Ort, an den wir unseren Fuß als nächstes setzen sollen. Gott verspricht uns nicht, daß wir weiter als den nächsten Schritt sehen werden. Darüber hinaus haben wir wohl keine Möglichkeit herauszufinden, was uns erwarten wird, doch das soll nicht unsere Sorge sein. Gott will von uns nur, daß wir in schlichtem Gehorsam gegenüber seinem Wort den nächsten Schritt tun.
>
> Die größte Gefahr besteht darin, zu weit in die Finsternis hinaussehen zu wollen. So kann es uns nämlich passieren, daß wir den Ort verpassen, auf den wir unseren nächsten Schritt setzen sollen, d. h. den einzigen Bereich, der für uns in diesem Augenblick hell wird.*

---

* Aus *Klänge von Davids Harfe* (Verlag G. Bernard, 1993)

Seien Sie also gewiß: Der Gehorsam gegenüber dem Wort Gottes wird Sie auf dem Weg halten, der Sie zu der Ehe führt, die er für Sie geplant hat.

Punkt 2: „Wenn wir aber im Licht wandeln, wie er im Licht ist, haben wir Gemeinschaft miteinander ..." (1. Joh. 1,7). Dieser Leitsatz ist die natürliche Konsequenz aus dem vorigen, in dem es darum ging, im Licht des Wortes Gottes zu wandeln. Er zeigt auf, welche Folgen es hat, wenn man in diesem Licht wandelt: „Wir haben Gemeinschaft miteinander." Gehorsam gegenüber dem Wort Gottes bringt die Christen automatisch zusammen und gibt ihnen die Fähigkeit, eine Beziehung zueinander zu haben.

Doch das Gegenteil ist genauso wahr: Christen, die keine Gemeinschaft mit anderen Christen pflegen, wandeln nicht im Licht. Es gibt einen Bereich ihres Lebens, in dem sie dem Wort Gottes nicht gehorchen. Die einzige Ausnahme sind Christen, die durch Umstände, welche sie selbst nicht ändern können, von der Gemeinschaft mit anderen Christen abgeschnitten sind. Bei mir war das so, als ich viele Monate lang ununterbrochen in den Wüsten Nordafrikas zubrachte. Ein anderes Beispiel wären Christen, die wegen ihres Glaubens im Gefängnis sitzen.

Doch abgesehen von solchen Ausnahmen ist die Gemeinschaft mit anderen Gläubigen eine wesentliche Voraussetzung für Erfolg und Fortschritt im Leben eines Christen. Sie ist sowohl Prüfstein als auch Auswirkung eines Lebens im Licht des Wortes Gottes.

Wenn wir keine Gemeinschaft mit anderen Gläubigen haben, mit wem sollen wir dann Gemeinschaft haben? Es gibt eigentlich nur eine Alternative: mit Ungläubigen. Doch in der Bibel werden wir mit Nachdruck davor gewarnt:

> Beugt euch nicht mit Ungläubigen unter das gleiche Joch! Was haben denn Gerechtigkeit und Gesetzwidrigkeit miteinander zu tun? Was haben Licht und Finsternis gemeinsam? Was für ein Einklang herrscht zwischen Christus und Beliar? Was hat ein Gläubiger mit einem Ungläubigen gemeinsam? (2. Kor. 6,14-15; Einheitsü.)

Paulus sagt nicht, wir sollten unserem Nächsten, der kein Christ ist, abweisend oder feindselig gegenübertreten. Er warnt uns lediglich, daß wir es uns nicht leisten können, zu Ungläubigen die engen Beziehungen zu pflegen, die zu Gläubigen angemessen sind. Offensichtlich denkt er dabei an verschiedene Arten von Beziehungen. Doch mit dem ersten Wort, das er verwendet, nämlich *Joch*, ist in der Regel die eheliche Gemeinschaft gemeint. In erster Linie warnt Paulus, *daß es immer falsch ist, wenn ein Christ einen Nichtchristen heiratet.*

Ich kann dies nicht genug betonen und muß es jedem unverheirateten Christen, der diese Seiten liest, ans Herz legen: Sie haben nicht die Freiheit, einen Nichtchristen zu heiraten. Sie haben nicht einmal die Freiheit, diese Möglichkeit überhaupt in Betracht zu ziehen. Machen Sie jetzt für sich fest – falls Sie das noch nicht getan haben –, daß eine Ehe mit einem Ungläubigen außerhalb des Planes Gottes für Ihr Leben liegt.

Der beste Schutz vor falschen Beziehungen sind richtige Beziehungen. Pflegen Sie also mit Sorgfalt Beziehungen und Freundschaften mit anderen Gläubigen. In den meisten Fällen entwickelt sich eine Ehe aus bereits bestehenden Beziehungen. Wenn Sie stabile Beziehungen mit anderen Christen haben, werden Sie höchstwahrscheinlich nicht einmal darüber nachdenken, ob Sie einen Nichtchristen heiraten könnten.

Der sicherste Weg ist, hier und jetzt zu entscheiden, welche Arten von Beziehungen Sie pflegen werden. Bekräftigen Sie danach Ihre Entscheidung vor dem Herrn mit den Worten des Psalmisten: „Ich bin der Gefährte aller, die dich fürchten, derer, die deine Vorschriften einhalten" (Ps. 119,63).

Punkt 3: „Denn so viele durch den Geist Gottes geleitet werden, die sind Söhne Gottes" (Röm. 8,14).

Das Neue Testament zeigt auf, daß der Heilige Geist auf zweierlei Weise wirkt, um uns zu Gliedern in der Familie Gottes zu machen. Erstens: Wir müssen aus Gottes Geist wiedergeboren sein, um seine Kinder zu werden. Zweitens: Wir müssen von seinem Geist geleitet werden, um reife Söhne Gottes zu werden. Viele Christen, die aus dem Heiligen Geist wiedergeboren sind, haben es nie gelernt, sich von ihm leiten zu lassen. Daraus folgt, daß sie nie wirklich zu geistlicher Reife gelangen oder das

Maximum dessen finden, was Gottes Plan für ihr Leben beinhaltet.

Denken wir doch einmal darüber nach, welche Auswirkungen das auf die Wahl des richtigen Partners hat. Angenommen, Sie leben in den Vereinigten Staaten, einer Nation mit fast 300 Millionen Einwohnern. Oder vielleicht in Großbritannien, wo 56 Millionen Menschen wohnen. Gott bereitet unter diesen Millionen von Menschen eine spezielle Person darauf vor, Ihr Partner zu werden. Es kann gut sein, daß Sie dieser Person noch nie begegnet sind, ja nicht einmal ihren Namen kennen. Dazu kommt noch die Möglichkeit, daß der für Sie vorgesehene Partner in einem anderen Land lebt als Sie (was bei meinen beiden Ehen der Fall war). Wie wollen Sie diesen Menschen finden? Der sprichwörtliche Vergleich mit der Nadel im Heuhaufen beschreibt ein derart komplexes Problem nur höchst unzureichend.

Gottes Wort weist auf die Antwort hin: Sie müssen sich vom Heiligen Geist leiten lassen. Er allein weiß, wer und wo die Person ist, die Gott als Ihren Partner ausgesucht hat. Deshalb müssen Sie lernen, dem Heiligen Geist die Möglichkeit zu geben, Sie zu leiten.

Hierfür sind zwei Schlüsselworte von Bedeutung: *Abhängigkeit* und *Sensibilität*. Erstens: Erkennen Sie an, daß Sie vollständig vom Heiligen Geist abhängig sind. Wenn er Sie nicht führt, werden Sie Gottes Ziele nicht erreichen. Fördern und vertiefen Sie die Gewohnheit, in jeder Situation und jeder Entscheidung, sei sie groß oder klein, seine Wegweisung zu suchen. Manchmal sind die Entscheidungen, die Sie für unwichtig halten, die wichtigsten überhaupt und umgekehrt. Nach der Leitung des Heiligen Geistes zu fragen hat nicht notwendigerweise etwas mit langen, religiös klingenden Gebeten zu tun. Es kann oft auch nur so aussehen, daß man sich ihm im Innersten mit einem Gedanken einen Augenblick lang zuwendet.

Zweitens: Werden Sie immer sensibler für das Wirken des Heiligen Geistes. Er agiert nicht wie ein Ausbilder beim Militär. Er erteilt keine barschen Befehle. Normalerweise wirkt er sehr sanft. Er spricht wie ein „stilles, sanftes Sausen" (1. Kön 19,12; LÜ). Wenn Ihre Ohren nicht auf seiner „Wellenlänge" sind, werden Sie ihn nicht hören.

Ich möchte Ihnen ein konkretes Gebet empfehlen, das Ruth und ich fast jeden Tag beten: „Herr, hilf uns, immer zur richtigen Zeit am richtigen Ort zu sein." Dabei beten wir in dem Bewußtsein, daß nur der Heilige Geist dies schaffen kann. Was dabei herauskommt, ist oft recht interessant! Als unsere Tochter Jesika bei uns in Jerusalem wohnte, gingen Ruth und ich eines Nachmittags ins Stadtzentrum zum Einkaufen. Wir gingen entlang der Hauptstraße, und ich sagte zu Ruth: „Ich habe das Gefühl, wir sollten auf die andere Straßenseite gehen." Das taten wir dann auch und gingen weiter. Nach einer Minute trafen wir ein Ehepaar, das mit Jesika befreundet war. Die beiden waren erst seit einem halben Tag in Jerusalem und wollten mit ihr Kontakt aufnehmen, wußten jedoch weder unsere Adresse noch unsere Telefonnummer. Währenddessen war Jesika zu Hause und spürte, daß sie Gemeinschaft mit Christen brauchte.

Durch diese Begegnung konnten Jesikas Freunde mit ihr Kontakt aufnehmen, und sie verbrachten den ganzen Abend miteinander. Wir hätten das Ehepaar nie getroffen, wenn Ruth und ich nicht genau in diesem Augenblick auf die andere Straßenseite gegangen wären. Wer hatte uns dazu veranlaßt? Der Heilige Geist natürlich!

Stellen Sie sich vor, Sie wären in einer ähnlichen Situation: Sie sind mit dem Auto unterwegs und suchen nach einem Schnellrestaurant. Auf einmal sehen sie gleich zwei und zwar links und rechts von der Straße. In einem von beiden bedient jemand, dem Sie noch nie begegnet sind, der jedoch von Gott darauf vorbereitet wird, Ihr Partner zu werden. Es scheint, als „stupse" jemand Ihre Hand am Steuer, und Sie fahren links ab auf den Parkplatz. Im Restaurant machen Sie die Bekanntschaft einer Person, die, genau wie Sie selbst, für den Partner nach Gottes Wahl betet. Schon bald stellen Sie fest, daß Gott diese Verabredung mit der bewußten Person in die Wege geleitet hatte. Wer hat Ihre Hand „angestupst"? Der Heilige Geist. Hätten Sie nicht auf diesen Schubs reagiert, wären Sie womöglich an Gottes Plan für Ihr Leben vorbeigefahren. Es reicht also nicht aus, nur zu beten. Sie müssen darüber hinaus dem Heiligen Geist gestatten, Sie zu Ihrer Gebetserhörung zu führen.

Manchmal leitet uns der Heilige Geist auf dramatische und übernatürliche Art und Weise. Ein andermal stupst er uns sanft an oder flüstert uns etwas zu. Wir müssen für beides offen sein. Wenn wir für das Übernatürliche nicht offen sind, setzen wir dem Plan Gottes für unser Leben willkürliche Grenzen. Vielleicht hat er etwas geplant, das über unsere natürlichen Erwartungen so weit hinausgeht, daß es uns nur auf übernatürliche Weise offenbart werden kann, z. B. durch eine Vision oder eine Prophetie. Doch wenn wir andererseits nur nach dem Dramatischen und Übernatürlichen Ausschau halten, bemerken wir vielleicht den sanften Schubs nicht und überhören das Flüstern. Es steht uns nicht zu, im voraus zu entscheiden, wie der Heilige Geist wirken wird. Wir müssen ihm gegenüber sensibel werden, gleichgültig, wie er uns führt.

Punkt 4: „Mehr als alles, was man sonst bewahrt, behüte dein Herz! Denn in ihm entspringt die Quelle des Lebens" (Spr. 4,23).

Der zentrale Bereich der menschlichen Persönlichkeit, der für das Schicksal des Menschen von entscheidender Bedeutung ist, wird in der Bibel als *Herz* bezeichnet. Wer in Ihrem Herzen regiert, wird auch den Kurs Ihres Lebens bestimmen. Deshalb müssen Sie auf Ihr Herz mehr achtgeben als auf irgendeinen anderen Bereich Ihres Wesens. Das bezieht sich vor allem auf die Impulse und Emotionen, die etwas mit Sex zu tun haben.

Achten Sie in erster Linie stets darauf, was Sie in Ihr Herz *hineinlassen*. In unserer heutigen Kultur werden besonders die jungen Leute ständig mit Impulsen bombardiert, die den biblischen Maßstab für Sexualität und Ehe untergraben, wie z. B. durch den Unterricht an Schulen und Universitäten, durch die Massenmedien, durch den Druck der Gleichaltrigen und durch andere Einflüsse, die nur schwer aufzuspüren sind. Wenn Sie Gottes Plan für eine Ehe in Ihrem Leben finden möchten, müssen Sie eine Wache vor Ihr Herz stellen, die allen unbiblischen und antichristlichen Wertvorstellungen den Zugang verweigert.

Auch die Phantasie übt einen Einfluß aus, vor dem Sie sich hüten sollten. In einer bestimmten Phase der Jugend verbringen die meisten jungen Menschen relativ viel Zeit mit Tagträumereien. Lassen Sie jedoch nicht zu, daß sich dies verselbständigt und Sie auf einmal aus Gewohnheit phantasieren. Wenn Sie dazu neigen, dann widerstehen Sie diesem Hang mit Nachdruck und zwingen Sie sich, der Realität ins Auge zu schauen. Andernfalls werden Sie an einen Punkt kommen, an dem Phantasie und Wirklichkeit nur noch schwer voneinander zu unterscheiden sein werden. Wenn Sie dann in die Ehe gehen, werden Sie sich ein unrealistisches, subjektives Bild von Ihrem zukünftigen Ehepartner gemacht haben. Das kann zwei mögliche Auswirkungen auf Sie haben. Erstens: Der Partner, den Gott für Sie bestimmt hat, entspricht vielleicht nicht Ihrer Phantasievorstellung, und Sie sind demzufolge nicht bereit, Gottes Wahl zu akzeptieren. Es kann auch sein, daß Sie Ihre Phantasievorstellung auf eine reale Person projizieren und diese Person heiraten, nur um nach der Hochzeit festzustellen, daß die Person in Wirklichkeit ganz anders ist als die, die Sie sich vorgestellt hatten, und schon gleich gar nicht der Partner, den Gott für Sie ausgewählt hat.

Achten Sie genauso sorgfältig darauf, was Sie aus Ihrem Herzen *herauslassen*. Leisten Sie sich keinen Flirt oder oberflächliche Beziehungen zum anderen Geschlecht. Es mag aufregend sein, die Emotionen eines anderen in Wallung zu bringen und auch selbst dabei ein Prickeln zu spüren, doch eines Tages stellen Sie womöglich fest, daß Sie Ihre Gefühle nicht mehr im Zaum halten können. Vielleicht ergeht es Ihnen dann wie dem Zauberlehrling: Er hatte die Formel entdeckt, mit der er eine Wasserflut freisetzen konnte, aber er kannte die Formel nicht, die die Flut wieder aufhalten würde; so müssen auch Sie unter Umständen feststellen, daß Sie Emotionen in Wallung gebracht haben, die Sie nicht mehr besänftigen können. Das hat zur Folge, daß Sie sich emotional an eine Person binden, die überhaupt nicht dazu geeignet ist, Ihr Ehepartner zu werden.

Man kann sich an folgende Regel halten: Finden Sie zuerst den Partner, den Gott für Sie ausgesucht hat, und setzen Sie dann erst Ihre Emotionen für diese Person frei. So können Sie es vermeiden, daß Sie eines Tages vielleicht eine Wasserflut eindämmen müssen.

Punkt 5: „Kein Ohr hörte, kein Auge sah je einen Gott außer dir, der an dem handelt, der auf ihn harrt" (Jes. 64,3).

Sie denken vielleicht, dieser Punkt sei am schwierigsten von allen zu befolgen: *Seien Sie bereit zu warten!* Jesaja sagt in der oben zitierten Passage, daß es im ganzen Universum nur einen wahren Gott gibt, und eine seiner markantesten Eigenschaften ist die, daß er „... an dem handelt, der auf ihn harrt".

Nun verhält es sich jedoch nicht so, daß Gott von allen seinen Kindern verlangt, auf den Partner seiner Wahl zu warten. Manche finden ihren Partner schon sehr früh und gehen ohne Verzögerung in eine Ehe, die erfolgreich ist und ein Leben lang dauert. Das ist einer der Bereiche, in denen sich jeder von uns unter die Souveränität Gottes beugen muß. Wenn er uns schnell mit dem uns bestimmten Partner vereint, preisen wir ihn. Wenn er von uns will, daß wir warten, preisen wir ihn genauso. Gott kennt uns und hat einen besonderen Plan für unser Leben; wie er an uns handelt, muß man vor diesem Hintergrund verstehen.

Wenn Sie zu jenen gehören, die Gottes Willen zufolge warten müssen, dann lassen Sie sich von der Tatsache ermutigen, daß Gott von vielen seiner besten Diener verlangt hat, oft lange auf die Erfüllung seiner Verheißung oder seiner Absicht zu warten. So wartete Abraham bis er hundert Jahre alt war auf die Geburt Isaaks, seines verheißenen Sohnes. Mose wartete achtzig Jahre, vierzig davon in der Wüste, bis er der Befreier Israels wurde. David wartete ab dem Zeitpunkt, da er zum König gesalbt wurde, ungefähr fünfzehn Jahre, bis er schließlich König wurde. Israel wartete viele Jahrhunderte auf seinen Messias. Die Kirche wartet seit fast zweitausend Jahren auf die Wiederkunft Christi.

Gott benutzt das Warten, um im Leben eines Menschen bestimmte Ziele zu erreichen. Erstens: Das Warten stellt unseren Glauben auf die Probe. Nur diejenigen, die wirklich an die Fürsorge Gottes glauben, sind auch bereit, auf deren Verwirklichung zu warten. Der Apostel Petrus warnt: So wie Gold im Feuer geläutert wird, so muß der Glaube durch Prüfungen geläutert werden (vgl. 1. Petr. 1,6-7). Nur ein Glaube, der die Prüfung besteht, wird von Gott als echter Glaube anerkannt.

Zweitens: Das Warten reinigt unsere Motive. Wenn Gott von Ihnen möchte, daß Sie auf Ihren Partner warten, dann müssen Sie sich fragen: Warum möchte ich gerne heiraten? Weil Gott es für mich will, oder weil ich es für mich will? Ist mein Beweggrund der Wille Gottes oder mein eigener? Das Warten wird Ihnen die Antwort auf Ihre eigene Frage geben.

Drittens: Das Warten führt unseren Charakter zur Reife. Jakobus sagt uns: „Ihr wißt ja, daß die Prüfung eures Glaubens

Beharrlichkeit zur Folge hat. Und diese Beharrlichkeit sollt ihr in all euerm Handeln betätigen, damit ihr zur vollen geistlichen Reife kommt ..." (Jak. 1,3-4; Albrecht). Ein Mensch, der Warten gelernt hat, ist keinen Stimmungsschwankungen und instabilen Emotionen mehr unterworfen. Er oder sie hat Vertrauen und Stabilität gewonnen. Wenn Gottes Zeitpunkt gekommen ist und es darum geht, eine starke, erfolgreiche Ehe zu führen, werden diese Eigenschaften von unschätzbarem Wert sein.

Punkt 6: „Wahrlich, wahrlich, ich sage euch: Wenn das Weizenkorn nicht in die Erde fällt und stirbt, bleibt es allein; wenn es aber stirbt, bringt es viel Frucht" (Joh. 12,24).

Jesus zeigt hier ein Prinzip auf, das überall in der Natur und auch im Leben des Volkes Gottes wirksam ist. Kurz gesagt, ergeht folgende Warnung an uns: *Seid bereit zu sterben und wieder aufzuerstehen.*

Wie der vorige Punkt betrifft auch dieser nicht alle, die Gottes Plan für die Ehe herausfinden. In meinem Fall hatte er bei der zweiten Ehe seine Gültigkeit, bei der ersten jedoch nicht. Ich erwähne diesen Aspekt hier, weil mir die Erfahrung gezeigt hat, wie wichtig er ist. Nachdem ich Ruth begegnet war, wußte ich, daß Gott einen „Samen" der Liebe für sie in mein Herz gepflanzt hatte; dennoch mußte ich mitansehen, wie dieser Same in die Erde fiel und starb. Hätte ich dieses Prinzip nicht begriffen und akzeptiert, hätte ich wohl nie genug Glauben gehabt, um voranzugehen und die Auferstehung zu erleben, die Gott für uns bereitet hatte.

Als ich zu jener Zeit hart mit den Wegen Gottes in meinem Leben rang, rief ich: „Herr, warum gibst du uns etwas und forderst es dann postwendend wieder zurück? Warum muß so vieles, das du segnest, erst sterben und dann wieder auferstehen?"

Ich hatte den Eindruck, daß mir der Herr folgende Antwort gab: „*Wenn ich etwas auferwecke, dann so, wie ich es gerne haben möchte und nicht so, wie es ursprünglich war.*"

Das galt ganz gewiß für die Beziehung zwischen Ruth und mir. Nachdem sie gestorben und wieder zum Leben erweckt worden war, hatte sie eine Tiefe und Sicherheit, die sie sonst nie bekommen hätte. Sollten Sie mit Gott ähnliche Erfahrungen machen, dann vertrauen wir darauf, daß unser Zeugnis Sie in dieser Situation ermutigen wird.

Punkt 7: „Der Weg des Narren erscheint in seinen eigenen Augen recht, der Weise aber hört auf Rat" (Spr. 12,15). „Ein Narr verschmäht die Zucht seines Vaters; wer aber die Zurechtweisung beachtet, ist klug" (Spr. 15,5).

Im Kapitel über die richtigen Grundhaltungen habe ich bereits hervorgehoben, wie wichtig der Segen der Eltern ist. Er ist die Grundlage für ein erfolgreiches Leben und besonders für eine erfolgreiche Ehe. Auch wenn Sie mit Ihren Eltern vielleicht nicht in allen Punkten einer Meinung sind, lohnt es sich, sehr geduldig und zurückhaltend zu sein, um dadurch auf das Fundament ihres Segens aufbauen zu können.

Abgesehen vom speziellen Segen der Eltern ist es wichtig, daß Sie als junger Mensch den Rat gottesfürchtiger Menschen, wie z. B. Pastoren oder Gemeindeleiter, einholen, die älter sind als Sie und schon länger im Glauben stehen. Diese Menschen haben die Wegstrecke, die noch vor Ihnen liegt, bereits hinter sich. Sie kennen die Fallen und Gefahren, die entlang dieses Weges lauern. Sie hatten auch schon Gelegenheit, einige der Berge, die im Weg stehen, zu erklimmen und haben deshalb einen ungehinderten Blick auf die Weite des Landes. Sie können von deren Sicht der Dinge einiges profitieren.

In unserer Zeit neigen junge Menschen dazu, sich ausschließlich bei Gleichaltrigen Rat zu holen. Doch der Rat, den jene anbieten können, basiert größtenteils nur auf der Theorie oder bestenfalls auf Kopfwissen. Die Erfahrung muß erst noch zeigen, ob ihre Theorien auch in der Praxis Bestand haben. Es zeugt von Weisheit und Demut, sich bei älteren Menschen Rat zu holen, die in den Lebensbereichen erfolgreich sind, in denen Sie noch Wegweisung brauchen. Wenn Sie dies regelmäßig praktizieren, wird es ihnen helfen, auf dem Weg zu bleiben, der Sie zur Erfüllung des Planes Gottes für Ihr Leben führt.

Punkt 8: „... von dem Herrn ... ist eine einsichtsvolle Frau" (Spr. 19,14). „Wer eine Frau gefunden, hat Gutes gefunden und hat Wohlgefallen erlangt von dem Herrn" (Spr. 18,22).

Diese beiden Sprüche verbinden zwei Wahrheiten miteinander. Erstens: Der Herr gibt das Geschenk einer weisen Frau. Zweitens: Dieses Geschenk ist ein Zeichen dafür, daß der, der es bekommt, in seiner besonderen Gunst steht. Salomo schildert diese Wahrheiten aus der Sicht des Mannes, aber es ist offensichtlich, daß die jeweilige Entsprechung auch für die Frau gilt. Auch in ihrem Fall kommt das Geschenk des richtigen Partners von Gott und bezeugt, daß sie in seiner Gunst steht.

Daraus leitet sich für Mann und Frau eine wichtige praktische Schlußfolgerung ab: Wenn Sie möchten, daß Ihnen der Herr den Partner schenkt, den Sie brauchen, dann gilt es, vor allem eins zu tun: Sie müssen es zu Ihrem Ziel erklären und gewissenhaft danach streben, daß Sie Gunst vor Gott haben. Es muß Ihr Höchstes sein, ihn zufrieden zu sehen. Stellen Sie sich somit in jeder Situation und vor jeder Entscheidung vor allem eine Frage: Was wird dem Herrn gefallen? Wenn Sie sorgfältig danach trachten, dem Herrn eine Freude zu machen, wird er seinerseits Ihnen das schenken, was Ihnen Freude macht.

David beschreibt diesen Lebensstil und die darauf folgende Reaktion des Herrn mit den Worten: „Habe deine Lust am Herrn, so wird er dir geben, was dein Herz begehrt" (Ps. 37,4). Wenn Sie in Gott selbst wunschlos glücklich und zufrieden sind, wird er auf zweierlei Weise darauf reagieren. Zunächst wird er Ihrem Herzen das Verlangen einpflanzen, das mit seinem obersten Willen für Ihr Leben übereinstimmt. Danach wird er sie zu dessen Erfüllung leiten.

Die vorigen sieben Anhaltspunkte können in diesem letzten zusammengefaßt werden: Erklären Sie es zu Ihrem obersten Lebensziel, Gunst vor Gott zu finden, und Sie können sich getrost darauf verlassen, daß er Ihren Partner aussuchen, vorbereiten und zu Ihnen bringen wird.

7

Wie sich ein Mann auf die Ehe vorbereiten sollte

Den Stand des Ledigen zu verlassen und in den Stand der Ehe einzutreten ist eine der wichtigsten Veränderungen und eine der größten Herausforderungen im Leben eines Menschen. Wer will, daß diesem Schritt Erfolg beschieden ist, wird sich gut und gründlich darauf vorbereiten. Diesen Übergang ohne angemessene Vorbereitung meistern zu wollen, ist wie ein Sprung in tiefes Wasser, ohne schwimmen zu können. Beides hat in der Regel katastrophale Folgen!

Wenn man sich auf einen Beruf vorbereitet, sei es Schreiner oder Arzt, braucht man, noch bevor man einen Schritt in diese Richtung geht, eine klare Vorstellung davon, was man später genau tun möchte. Dasselbe gilt auch für die Ehe: Wer sich auf die Ehe vorbereitet, braucht eine klare Vorstellung von der Rolle, die er oder sie darin übernehmen wird.

Ein Mann muß sich ganz offensichtlich anders auf die Ehe vorbereiten als eine Frau. In diesem Kapitel möchte ich die wichtigsten Gesichtspunkte hervorheben, die ein Mann meiner Meinung nach bei seiner Vorbereitung berücksichtigen sollte. Im nächsten Kapitel wird Ruth auf die Vorbereitung einer Frau eingehen. Jeder von uns spricht aus der Erfahrung von zwei Ehen.

Welche Rolle spielt nun der Mann innerhalb der Ehe? Betrachtet man den normalen zeitlichen Ablauf, so ist die Rolle des Ehemannes eine Hinführung zu einer zweiten Funktion, die genauso herausfordernd ist, nämlich die des Vaters. Diese beiden Rollen können unter einem einzigen Stichwort zusammengefaßt werden: *Haupt einer Familie*.

Als Paulus diese Vorstellung vom Haupt präsentiert, stellt er den Zusammenhang zum Wesen Gottes und zu der Beziehung zwischen Gott Vater und seinem Sohn her: „Ich will aber, daß ihr wißt, daß der Christus das Haupt eines jeden Mannes ist, das

Haupt der Frau aber der Mann, des Christus Haupt aber Gott" (1. Kor. 11,3).

Paulus beschreibt in absteigender Reihenfolge drei Kategorien des Hauptes, die im Himmel beginnen und in der Familie enden: Gott Vater ist das Haupt Christi; Christus ist das Haupt des (Ehe)mannes; der (Ehe)mann ist das Haupt der (Ehe)frau. Innerhalb dieser Beziehungskette sind sowohl Christus als auch der Ehemann in zweierlei Richtungen eingebunden – nach oben und nach unten. Somit repräsentiert Christus Gott Vater (über ihm) vor dem Mann (unter ihm); der Mann repräsentiert seinerseits Christus (über ihm) vor seiner Frau (unter ihm).

Das ist ein klares Bild der Rolle des Mannes, der auch Vater wird: *er repräsentiert Christus vor seiner Frau und seiner Familie.* Was für eine gewaltige Verantwortung! Was für ein heiliges Vorrecht!

Wie können Sie sich nun auf diese enorme Herausforderung vorbereiten?

Der Schlüssel zum Leben Jesu war seine Beziehung zum Vater. Dem verlieh er auf verschiedene Weise Ausdruck: „Da antwortete Jesus und sprach zu ihnen: Wahrlich, wahrlich, ich sage euch: Der Sohn kann nichts von sich selbst tun, außer was er den Vater tun sieht; denn was der tut, das tut ebenso auch der Sohn" (Joh. 5,19). „Wer mich gesehen hat, der hat auch den Vater gesehen ... Die Worte, die ich zu euch rede, die spreche ich nicht aus eigner Vollmacht. Sondern der Vater, der bleibend in mir wohnt, der und kein anderer ist wirksam" (Joh. 14,9-10; Albrecht).

Genauso hängt auch Ihr Erfolg als Haupt der Familie von Ihrer Beziehung zu Jesus ab. Machen Sie ihn zur Quelle Ihrer Worte und Taten. Verlassen Sie sich auf seine Kraft und Weisheit, die in Ihnen wohnt, und nicht auf Ihre eigene. Schaffen Sie ihm Raum, damit sich sein Leben in Ihrem Leben entfalten kann.

Wenn Sie Ehemann und Vater sind, welche seiner Eigenschaften werden angemessenerweise in Ihnen zutage treten?

Zunächst einmal ist Jesus der Geliebte und Bräutigam seiner Gemeinde. Jeder andere Dienst Christi entspringt dieser tiefen, reinen Quelle seiner Liebe. Gestatten Sie ihm, diese Quelle in Ihrem Herzen aufzuschließen. Scheuen Sie sich nicht, zärtlich zu sein, da dies ein Zeichen von Stärke, nicht von Schwäche ist.

„Denn stark wie der Tod ist die Liebe" (Hl. 8,6). „(Die Liebe) erträgt alles, sie glaubt alles, sie hofft alles, sie erduldet alles. Die Liebe vergeht niemals ..." (1. Kor. 13,7-8). Lesen Sie doch nur, wie liebevoll der Herr in Jeremia 31,3 mit Israel spricht: „Ich habe dich mit einer ewigen Liebe geliebt; ich habe dich mit Barmherzigkeit gezogen" (wörtl. a. d. Engl.). Mit dieser Barmherzigkeit zieht Jesus sein Volk zu sich. Erlauben Sie ihm, auch Ihnen ein gutes Maß davon zuzuteilen. Durch diese Barmherzigkeit wird er Ihre Braut zu Ihnen führen, so wie er die Gemeinde zu sich zieht.

In unserer modernen, zynischen Leistungsgesellschaft findet man nur noch sehr wenig echte Zärtlichkeit. Sie ist im Grunde fast schon in Vergessenheit geraten. Doch jede Frau sehnt sich in ihrem Innersten danach. Sie wird darauf reagieren wie eine Blume, die ihren Kopf der Sonne entgegenstreckt und ihre Blüte öffnet.

Zärtlichkeit geht Hand in Hand mit Romantik. Wenn Sie sehen möchten, wie sich beides gemeinsam entfaltet, dann studieren Sie das Hohelied Salomos. Dieses herrliche und leider oft vernachlässigte Buch der Bibel kann Gottes Volk so viel über göttliche und menschliche Liebe lehren. Ich erinnere mich noch, wie Lydia einmal sagte: „Jedesmal, wenn ich mich zum Hohelied hingezogen fühle, weiß ich, daß ich mich auf einer hohen Stufe meines geistlichen Leben befinde."

In den Wochen vor meiner Hochzeit mit Ruth las ich das Hohelied mehrmals hintereinander. Ich beschäftigte mich eingehend mit den verschiedenen Personen: der Geliebte, Sulamith und die Freunde. Ich glaube, dies war hilfreich beim Aufbau der Beziehung, die Ruth und ich jetzt haben.

Das Romantische an einer Beziehung ist weder eine eigenständige Komponente noch das Ergebnis einer bestimmten Tat. Vielmehr begleitet es alle anderen Taten und macht sie aufregender und angenehmer. An etwas Alltäglichem, wie z. B. einer Mahlzeit, läßt sich dies veranschaulichen: das romantische Gefühl ist nicht die Nachspeise. Vielmehr ist es das Gewürz, das man in jedem einzelnen Gang des Menüs schmeckt. Es kann ganz normalen Aktivitäten wie dem Einkaufen, der Fahrt in die Gemeinde oder einem Abendspaziergang ein ganz besonderes „Aroma" verleihen und sie zu etwas Spannendem machen.

Erlauben Sie mir, kurz von meinen eigenen Erfahrungen zu berichten. Ich habe mitgeholfen, neun Töchter unterschiedlicher Herkunft großzuziehen. Ich war zweimal verheiratet. Ich kenne verschiedene Kulturen und Lebensstile aus vielen Teilen der Welt. Ich glaube nicht, daß es irgendwo auf der Welt eine Frau gibt, die Romantik und Zärtlichkeit nicht schätzen würde. Warum sollten Sie sich mit einer Ehe zufriedengeben, in der alles grau in grau ist? Folgen Sie dem Vorbild Jesu und streben Sie nach einer Ehe, die so ist wie die Ehe, die Jesus mit seiner Gemeinde plant.

Die Liebe Jesu zeichnet sich überdies dadurch aus, daß sie sich selbst hingibt. „Christus (hat) die Gemeinde geliebt und sich selbst für sie hingegeben ..." (Eph. 5,25). Eine erfolgreiche Ehe muß diesem Leitbild folgen. Sie besteht aus zwei Menschen, die ihr Leben füreinander hingeben. Zunächst gibt der Mann, wie Jesus, sein Leben für seine Frau hin. Dann gibt die Frau ihrerseits, wie die Gemeinde, ihr Leben für ihren Mann hin. Das hat zur Folge, daß jeder im Leben des anderen Erfüllung findet. Der Schlüssel zu dieser Art von Beziehung ist die Einsicht, daß eine biblische Ehe auf einen Bund gegründet ist*.

Doch für das gefallene menschliche Wesen ist es alles andere als natürlich, etwas von sich herzugeben. Dies muß vielmehr praktiziert und gefördert werden. Zunächst ist dafür eine Entscheidung erforderlich. Dann muß man diese Haltung Tag für Tag in die Praxis umsetzen, bis sie Teil unseres Charakters wird. Fangen Sie nicht erst mit Beginn Ihrer Ehe damit an, sich selbst hinzugeben. Das kann zu unnötigem Leid für Sie und Ihre Frau führen.

Als ich Lydia heiratete, hatte ich nur sehr wenig Erfahrung mit dem Geben und Nehmen in einer engen, persönlichen Beziehung, weil ich selbst keine Geschwister hatte. Wenn ich heute zurückschaue, muß ich erkennen, daß dadurch unnötige Probleme für Lydia und die Kinder entstanden. Ich danke Gott für die Gnade, die er uns allen schenkte, damit wir uns gemeinsam durch diese Probleme durchkämpfen konnten. Als ich dreiund-

---

* Wie dies funktioniert, habe ich in meinem Buch *Der Ehebund* (JMEM) beschrieben.

dreißig Jahre später Ruth heiratete, sagte ich ihr, sie bekäme einen viel besser vorbereiteten Ehemann als damals Lydia!

Ihre Ehe wird viel davon profitieren, wenn Sie bereits jetzt in den vielfältigen Beziehungen zu Ihren Mitmenschen lernen, etwas von sich selbst zu geben. Wenn Sie noch zu Hause wohnen, dann geben Sie etwas von sich, indem Sie kleine Handreichungen und Dienste verrichten. Tragen Sie den Müll hinaus, auch wenn Sie nicht an der Reihe sind. Helfen Sie beim Geschirrspülen, damit Ihre Schwester mit ihrer Freundin ausgehen kann. Kümmern Sie sich um Ihren kleinen Bruder, damit Ihre Eltern einen Abend allein verbringen können.

Auch im Gemeindeleben gibt es viele Gelegenheiten zu dienen: besuchen Sie die Bettlägerigen. Waschen Sie das Auto Ihres Pastors. Melden Sie sich freiwillig, am Samstagmorgen den Gemeindesaal zu putzen. Helfen Sie einer Witwe oder einem behinderten Menschen beim Einkaufen. Diese scheinbar kleinen Gesten werden ihren Teil dazu beitragen, daß in Ihnen etwas vom aufopferungsvollen Wesen Jesu entsteht, das später Ihre Ehe bereichern und Sie zu einem Vorbild für Ihre eigenen Kinder machen wird.

Das Bild von Jesus als Bräutigam in Epheser 5,25-26 weist noch auf einen weiteren Aspekt seines Dienstes hin – Jesus, der Lehrer. Er gab sich selbst für die Gemeinde hin, „... um sie zu heiligen, sie reinigend durch das Wasserbad im Wort ...". Durch Unterweisung im Wort Gottes muß die Gemeinde rein und heilig und somit bereit werden, die Braut Christi zu sein.

Das wäre also eine weitere Möglichkeit, Jesus vor Ihrer Frau und vor Ihrer Familie zu repräsentieren: sorgen Sie dafür, daß sie die Art von Bibellehre bekommen, die sie dazu befähigt, Teil der Braut Christi zu werden. Wenn Gott Ihr Heim mit Kindern segnet, wird deren Unterweisung eine Ihrer wichtigsten Aufgaben sein. „Und ihr Väter, reizt eure Kinder nicht zum Zorn, sondern zieht sie auf in der Zucht und Ermahnung des Herrn" (Eph. 6,4).

In vielen Familien bleibt heutzutage die Vermittlung biblischer Lehre an der Mutter hängen. Das steht jedoch im Gegensatz zur biblischen Ordnung. Selbstverständlich hat die Mutter ihren Part zu übernehmen, doch die primäre Verantwortung liegt beim Vater. Wenn die geistliche Unterweisung ausschließlich

von der Mutter kommt, werden die Jungen höchstwahrschein-
lich daraus schließen, die Bibel sei lediglich ein „Frauenbuch".
Kommen sie dann in die Pubertät, gewinnen sie womöglich den
Eindruck, die Bibel könne ihnen nichts mehr geben.

Wie können Sie sich auf Ihre Rolle als Lehrer in Ihrer Familie
vorbereiten? Eignen Sie sich zunächst fundierte Grundkenntnisse der Bibel an. Gehen Sie, wenn möglich, in eine Gemeinde in Ihrer
Stadt, wo ausgewogene Bibellehre vermittelt wird. Diesen
Grundstock können Sie auf verschiedene Weise erweitern: durch
Bücher, Kassetten, Fernkurse, Seminare, Konferenzen, Radio-
lehrprogramme etc..

Der nächste Schritt ist das systematische und eingehende
Studium der großen, grundlegenden Wahrheiten des christlichen
Glaubens. Dieses solide Fundament ist erforderlich, um weiter
darauf aufbauen zu können. Konzentrieren Sie sich auf Bücher
wie Römer, Galater, Epheser und Hebräer. Die oben genannten
Quellen können Ihnen weiterführendes Material zur Verfügung
stellen. Machen Sie sich auf harte Arbeit gefaßt!

Bitten Sie gleichzeitig Gott, er möge Ihnen eine Tür öffnen,
so daß Sie allmählich auch anderen das Wissen weitergeben
können, das Sie sich selbst aneignen. Dazu gibt es verschiedene
Möglichkeiten: ein Hauskreis, Studentenarbeit, eine Sonntags-
schulklasse oder die Stadtmission. Andere lehren, ist die beste
Möglichkeit herauszufinden, wieviel Sie selbst schon gelernt
haben.

Dies alles wird Sie auf Ihre Rolle als Lehrer in Ihrer Familie
vorbereiten. Mittlerweile sollten Sie in der Lage sein, die grundlegenden Wahrheiten selbst zu vermitteln. Darüber hinaus werden Sie durch Ihre eigene Arbeit mit der Bibel vielleicht andere
als die oben aufgeführten Quellen der Lehre entdeckt haben.
Machen Sie sich diese zunutze, um auf dem Fundament biblischen Wissens, das Sie in der Zwischenzeit in Ihren Familienmitgliedern haben legen können, weiter aufzubauen.

Der Dienst Jesu als Lehrer steht in unmittelbarem Zusammenhang mit seinem priesterlichen Dienst als Fürbitter. Der
Autor des Hebräerbriefes schreibt, Jesus sei nach seiner Him-
melfahrt ins Allerheiligste hinter den zweiten Vorhang gegangen, um dort als Hohepriester für uns einzutreten: „Daher ver-

mag er auch denen, die durch seine Vermittlung zu Gott hinzutreten, vollkommene Rettung zu schaffen: er lebt ja immerdar, um fürbittend für sie vor Gott einzutreten" (Hebr. 7,25; Menge). Wenn Sie Jesus vor Ihrer Frau und Ihrer Familie repräsentieren, müssen Sie lernen, diese beiden Funktionen des priesterlichen Fürbitters und des Lehrers miteinander zu kombinieren. Als Lehrer repräsentieren Sie Gott vor Ihrer Familie; als Fürbitter repräsentieren Sie Ihre Familie vor Gott. Das ist der höchste Dienst, der Ihnen zugänglich ist. Im Folgenden nun einige Hinweise, wie Sie sich darauf vorbereiten können.

Erstens: Studieren Sie mit Sorgfalt die biblischen Vorbilder für diesen Dienst der Fürbitte. Vergegenwärtigen Sie sich, welche Resultate er in der jeweiligen Situation hervorgebracht hat. Herausragende Beispiele hierfür sind: Abrahams Fürbitte für seinen Neffen Lot und die Stadt Sodom (1. Mos. 18,16-33); Moses Fürbitte für Israel, nachdem es sich ein goldenes Kalb gemacht und angebetet hatte (2. Mos. 32,1-14); Moses und Aarons Fürbitte für die Israeliten, die von einer Plage hinweggerafft wurden (4. Mos. 17,6-15).

Denken Sie über die Tragweite der Worte Gottes über Israel in Hesekiel 22,30 nach: „Und ich suchte einen Mann unter ihnen, der die Mauer zumauern und vor mir für das Land in den Riß treten könnte, damit ich es nicht verheeren müßte; aber ich fand keinen." Wo auch immer Gott Sie hinstellt, können Sie lernen, ein Mann zu sein, der für andere „in den Riß tritt".

Auch das Auswendiglernen des priesterlichen Segens, den Aaron und seine Söhne über ihre israelitischen Mitbürger aussprechen sollten, kann Ihnen wertvolle Denkanstöße geben (4. Mos. 6,24-27). Wenn Sie Priester über Ihre Familie werden, haben Sie so ein Muster, wie Sie sie segnen können, was eins Ihrer größten Privilegien sein wird!

Der zweite Punkt, wie Sie sich auf Ihre Rolle als priesterlicher Fürbitter vorbereiten können, ist die Pflege Ihres regelmäßigen persönlichen Gebetslebens (wenn Sie das nicht ohnehin bereits getan haben). Gehen Sie systematisch vor; reservieren Sie die beste Zeit des Tages dafür. Bitten Sie Gott, Ihnen die Personen aufs Herz zu legen, für die er möchte, daß Sie in der Fürbitte eintreten – vielleicht Familienmitglieder oder Gemeindemitglieder, Arbeitskollegen oder andere Freunde. Sie sollten dabei auch an jene denken, die im Dienst Gottes stehen und Ihnen geholfen haben und auch anderen helfen. Es ist oftmals recht hilfreich, sich die Menschen zu notieren, für die man regelmäßig beten möchte. Übernehmen Sie vor Gott eine persönliche Verantwortung für sie.

Drittens: Nehmen Sie regelmäßig an einem Gebetstreffen teil. Das gemeinsame Gebet mit anderen wird Ihnen helfen, Ihre Ichbezogenheit mehr und mehr zu überwinden; noch dazu ist dies eine gute Vorbereitung, wenn Sie im Lauf der Zeit anfangen, mit Ihrer Frau und Ihrer Familie zu beten. Das Gebet sollte ein genauso natürlicher Bestandteil Ihres Familienlebens werden wie die Mahlzeiten oder das Spiel.

Den Dienst der priesterlichen Fürbitte zu lernen hat eine zusätzliche, wichtige und förderliche Auswirkung: sie wird Ihnen bei den anderen Rollen, die Sie übernehmen und in denen Sie Jesus repräsentieren möchten, sehr viel helfen. Ja, wahrscheinlich wird Ihr Erfolg im Gebetsdienst sogar den entscheidenden Ausschlag über Ihren Erfolg in diesen anderen Bereichen geben.

Die treffendste Zusammenfassung Ihrer Verantwortungsbereiche als Repräsentant Jesu in Ihrer Familie ist der Begriff *Haupt*, den wir am Anfang dieses Kapitels bereits vorstellten. Was können Sie nun im praktischen Bereich daraus für sich ableiten?

Eine Gegenfrage führt uns zur Antwort: Welche Funktion übernimmt der Kopf innerhalb des menschlichen Körpers? Er empfängt Signale aus allen Teilen des Körpers; er trifft Entscheidungen; er gibt Wegweisung. Jeder Teil des Körpers hat das Recht, mit dem Kopf zu kommunizieren, doch der Kopf ist dafür verantwortlich, daß die ankommenden Informationen aufgenommen und in entsprechende Reaktionen umgesetzt werden.

Wenden Sie dieses einfache Bild nun auf die Rolle an, die Sie als Haupt Ihrer Familie übernehmen: Zunächst einmal müssen Sie offen dafür sein, mit jedem Familienmitglied zu kommunizieren und sich jeder Not, jedem Schmerz, jeder Bedrängnis, jeder kreativen oder konstruktiven Idee zu widmen. Überdies müssen Sie in der Lage sein, diese Fülle an Information zu ordnen, zu sichten und dann zu entscheiden, wie die ganze Familie angemessen darauf reagieren soll. Auch wenn Sie jeweils von einzelnen Familienmitgliedern Signale empfangen, muß sich Ihre Entscheidung daran orientieren, was das Beste für die ganze Familie ist. Und nachdem Sie Ihre Entscheidung getroffen haben, müssen Sie die praktische Umsetzung in die Wege leiten, je nachdem, welches Familienmitglied in der jeweiligen Situation aktiv werden soll.

Welche Eigenschaften müssen Sie hierfür mitbringen? Vor allem eins: Sensibilität – die Fähigkeit, die Nöte und Gefühle anderer zu registrieren, Probleme und Gefahren vorherzusehen, konstruktive Ideen zu akzeptieren und anzuwenden. Zweitens: Sie brauchen die Weisheit, die erforderlich ist, um Entscheidungen zu treffen, die nicht nur Ihr eigenes Leben betreffen, sondern auch das Leben anderer. Drittens: Sie brauchen Charakterstärke und Zielstrebigkeit, um dafür zu sorgen, daß Ihre Entscheidungen auch ausgeführt werden, wenn nötig, mit der Mitarbeit anderer.

In 1. Timotheus 3,4-5 vergleicht Paulus die Verantwortung eines Gemeindeältesten mit der eines Ehemannes und Familienvaters und sagt, dieser solle ein Mann sein, „... der dem eigenen Haus gut vorsteht und die Kinder mit aller Ehrbarkeit in Unterordnung hält – wenn aber jemand dem eigenen Haus nicht vorzustehen weiß, wie wird er für die Gemeinde Gottes sorgen?" Was hier mit *vorstehen* wiedergegeben wird, heißt wörtlich: „an der Stirnseite oder vor etwas stehen". Dies ist die Position eines Ehemannes und Vaters. Er geht seiner Familie voraus; er weist den Weg. Wenn seine Familie von Übel oder Gefahr bedroht wird, stellt er sich vor sie und steht wie eine Mauer zwischen den Familienmitgliedern und der Bedrohung. Dies kann in einem gewichtigen Wort zusammengefaßt werden: *Leiterschaft*.

In fast allen Bereichen unserer heutigen Gesellschaft zeigt sich ein Mangel an effektiver Leiterschaft. Es gibt auch natürliche und übernatürliche böse Mächte, die sich solcher Leiterschaft entgegenstellen und sie im Keim ersticken wollen. Das hat unter anderem auch den entsetzlichen Verfall des Familienlebens bewirkt. Gottes Plan für Ehe und Familie basiert auf der Wiederherstellung der Art von Leiterschaft, wie sie in der Bibel dargestellt wird.

Wenn Sie sich entschließen, in Ihrer Familie diese Leiterschaft zu übernehmen, dann müssen Sie sich im voraus auf

Widerstand gefaßt machen. Sie werden gegen den Strom moderner kultureller Einflüsse schwimmen müssen. Immerhin ist das der Unterschied zwischen einem lebenden und einem toten Fisch: ein lebender Fisch kann gegen den Strom schwimmen; ein toter kann sich lediglich mit ihm treiben lassen. Diese Art von Leiterschaft muß auf zwei Säulen ruhen: Verantwortungsgefühl und Treue. Diese Eigenschaften erwirbt man normalerweise bei scheinbar niedrigen oder unwichtigen Tätigkeiten. Doch wenn man sie einmal hat, können Sie die Grundlage für Erfolg in allen Lebensbereichen bilden. Ohne sie ist es unmöglich, wirklich erfolgreich zu sein. Jesus sagte: „Wer im Kleinsten treu ist, der ist auch im Großen treu, und wer im Kleinsten ungerecht ist, der ist auch im Großen ungerecht" (Lk. 16,10; Menge).

Ich erinnere mich an einen jungen Mann – nennen wir ihn Arthur –, der sich Hals über Kopf in die Drogenszene stürzte. Später begegnete er auf wunderbare Weise Jesus und wurde von seinen Süchten befreit. Doch die Drogen hatten seinen Verstand und seinen Willen fast völlig zerstört. Ein Pastor bot Arthur an, er könne bei ihm wohnen, und begann mit der Rehabilitationsarbeit. In allem, was er Arthur auftrug, hob er eins stets mit Nachdruck hervor: Streck' dich nach der Hilfe Jesu aus in allem, was man dich zu tun bittet, und sei treu.

Nach ungefähr zwei Jahren bekam Arthur eine Stelle in einer Firma. Er mußte die einfachsten und niedrigsten Arbeiten verrichten: den Boden fegen, den Müll hinaustragen etc. . In allem wandte Arthur die Faustregel seines Betreuers an: Streck' dich nach der Hilfe Jesu aus, und sei treu. Seine Treue wurde belohnt, und er wurde mehrmals befördert; jeder neue Arbeitsbereich brachte mehr Verantwortung mit sich als der vorige. Er wurde wieder ein normales Mitglied der Gesellschaft.

Arthur blieb noch einige Jahre bei der Firma und entschloß sich schließlich zu kündigen, um sich weiter zu spezialisieren und seine Kenntnisse und Fähigkeiten zu erweitern. Als er seinem Arbeitgeber sein Vorhaben erläuterte, fiel dieser ihm ins Wort und sagte: „Sie können unmöglich gehen! Sie sind der einzige im Betrieb, dem ich vertrauen kann. Bleiben Sie, und ich werde Sie so ausbilden, daß Sie die Firma übernehmen können, wenn ich in Rente gehe."

Arthur erntete, was er durch seine Beharrlichkeit und Treue gesät hatte.

Salomos Gedanken über die Treue sind sehr aufschlußreich. In Sprüche 28,20 sagt er: „Ein treuer Mann wird reich gesegnet" (Menge), doch in Sprüche 20,6 fragt er sich: „... aber einen wirklich treuen Mann – wer findet den?" (Menge). Salomo wußte, wie dringend er treue Männer in der Verwaltung seines eigenen großen Königreiches brauchte. Doch obwohl ihm die besten Männer Israels zur Verfügung standen, mußte er den, der diese Bedingungen erfüllte, erst noch suchen.

Verantwortungsgefühl und Treue gehören untrennbar zusammen; man kann sie in fast jeder Situation fördern. Joseph praktizierte sie zunächst in Potifars Haus, dann im Gefängnis. Schließlich wurde er befördert. Das wird so gut wie immer die Folge sein!

Ich werde manchmal gefragt, wo ich für meinen geistlichen Dienst ausgebildet wurde. Manchmal erwidere ich: „In Nordafrika während meiner Zeit als Sanitäter in der Britischen Armee." Schon bevor ich den Herrn kennenlernte, hatte ich eine akademische Ausbildung genossen. Ja, im Grunde war ich richtiggehend „kopflastig" gewesen. Mir fehlte die praktische Erfahrung; ich brauchte die Konfrontation mit schwierigen, praktischen und lebensnahen Situationen und mußte lernen, Verantwortung für die Nöte anderer zu übernehmen.

In der Wüste war ich ein ganzes Jahr lang Führer eines „Trupps" von acht Krankenträgern. Wir wohnten zusammen mit den beiden Fahrern in einem Dreitonner-Lastwagen. Uns elf, die wir dort gemeinsam lebten, aßen, schliefen und Schwierigkeiten meisterten, nannte man bald „Prince's Pioneers".

In dieser Zeit hatte ich einen ständigen Begleiter – meine Bibel. Überall hatte ich meine Taschenbibel mit. Wann immer ich freie Zeit hatte, las ich darin. Höchst erstaunt stellte ich fest, wie praxisbezogen die Bibel war. Immer wieder fand ich Situationen beschrieben, in denen ich mich gerade selbst befand, oder Probleme, die ich selbst gerade lösen mußte. Und immer las ich gleichzeitig auch Gottes Antwort darauf. Am Ende der Zeit in der Wüste hatte ich eine gute und umfassende Kenntnis der Bibel gewonnen und damit ein solides Fundament für jede darauffolgende Phase meiner geistlichen Entwicklung.

Nachdem ich dem Herrn begegnet war, legte ich in der Armee fünf Jahre lang kontinuierlich Zeugnis von meinem Glauben ab. In Gewissensfragen bezog ich oftmals Positionen, die zu Spannungen zwischen mir und meinen Kameraden und den Offizieren über mir führten. Doch als ich schließlich entlassen wurde, las ich in meinen Papieren die höchste charakterliche Bewertung, die in der Britischen Armee möglich ist: *vorbildlich.* Das hatte vermutlich mehr Bedeutung als jedes theologische Diplom. Es ist offensichtlich, daß Ihr Leben anders verlaufen wird als meines. Gott hat einen individuellen Weg für jeden von uns – Gott sei Dank! Weder die Gemeinde noch die Welt braucht genormte Einheitschristen. Andererseits gibt es bestimmte, allgemeine Prinzipien, die für die meisten von uns gelten.

Erstens: Geben Sie sich ohne Vorbehalt Gott hin (diesen Punkt habe ich bereits im vierten Kapitel ausführlich erläutert). Dann können Sie darauf vertrauen, daß er Sie auf dem Weg leitet, der zur Verwirklichung seines ganz speziellen Plans für Ihr Leben führen wird. Die Worte aus Sprüche 3,6 haben sich im Laufe meines Lebens immer wieder bewahrheitet: „Erkenne ihn an auf all deinen Wegen, und er wird deinen Pfad gerade machen" (wörtl. a. d. Engl.).

Zweitens: Betrachten Sie jede Lebenssituation als eine speziell von Gott arrangierte Unterweisung und Schulung, mit dem Ziel, einen bestimmten Aspekt Ihres Charakters oder Ihrer Persönlichkeit weiterzuentwickeln. Vielleicht geraten Sie in unerwartete oder unangenehme Situationen, doch beklagen Sie sich nicht. Denken Sie an Joseph im Gefängnis! Ich kann nicht sagen, die Zeit in der Wüste wäre ein Zuckerschlecken gewesen, aber ich danke Gott dafür, daß sie mir zur Zurüstung für meinen kommenden Lebensweg diente.

Drittens: Studieren Sie vor allem anderen die Bibel. Lassen Sie nie zu, daß Ihnen etwas anderes wichtiger wird. Streben Sie danach, jede Phase Ihres Lebens im Licht der Bibel zu deuten. Sie werden staunen, wieviel Einsicht sie gewährt.

Was Ihre Ausbildung anbelangt, so möchte ich Ihnen empfehlen, einen konkreten Bezug zwischen Ihren Schwerpunkten und dem Lebensweg herzustellen, den Gott Ihnen Ihrer Meinung nach vorgegeben hat. Ich persönlich bin keine Freund von

Bildung um der Bildung willen. Der „ewige" Student ist oft eine tragische Figur. Der weiseste Mensch von allen kommentierte dessen Lebensstil mit den Worten: „Des vielen Bücherschreibens ist kein Ende, und das viele Studieren verursacht dem Leibe Ermüdung" (Pred. 12,12; Menge). Manchmal hat es den Anschein, daß auch des Erwerbens von akademischen Titeln kein Ende ist!

Ihre geistliche Entwicklung sollte normalerweise im geordneten Leben einer Gemeinschaft in Ihrer Stadt zur vollen Entfaltung kommen. Unter ausgewogener pastoraler Leitung werden Sie sich dort in drei Bereichen, die eng miteinander verknüpft sind, kontinuierlich weiterentwickeln: in Ihrem Verständnis des Wortes Gottes, in Ihrer Zurüstung für den Dienst Gottes und in der Läuterung und Kräftigung Ihres christlichen Charakters. Derselbe Prozeß, der Sie zu einem Mann Gottes macht, „... zu jedem guten Werk völlig zugerüstet" (2. Tim. 3,17), wird Sie auch auf Ihre Rolle als Haupt Ihrer Familie vorbereiten.

8
Wie sich eine Frau auf die Ehe vorbereiten sollte
Aus der Sicht von Ruth

„Wie kann ich mich auf die Ehe vorbereiten? ... Ich weiß ja gar nicht, ob ich je einen Heiratsantrag bekommen werde? ... Ich weiß nicht, welchen Mann ich heiraten würde ... Jede Beziehung, die ich bisher hatte, ging in die Brüche ... Es gibt keine ledigen christlichen Männer, die meinen Erwartungen entsprechen ... Heiraten ist riskant. Ich sehe nicht allzu viele gute Ehen, nicht einmal im Leib Christi ... Lohnt es sich, einen Versuch zu unternehmen und sich auf die Ehe vorzubereiten, auch wenn ich vielleicht nie heiraten werde? ... Ich will meine Zeit nicht damit vergeuden, ewig zu warten und mich zu fragen, wann es endlich so weit sein wird ..."

Ich zitiere, was ledige Frauen zu mir gesagt haben. Jeder Einwand hat seine Berechtigung. Junge Frauen sehen sich in unserer Zeit noch nie dagewesenen Umständen und Problemen gegenüber. Seit der Zeit Evas bis auf den heutigen Tag war das Schicksal einer Frau ohnehin klar: entweder würde sie heiraten und Kinder bekommen, oder, wenn ihr niemand einen Antrag machte, würde sie Teil der umfassenden „Familie" bleiben und denen helfen, die sie bräuchten. Innerhalb einer Generation und ganz besonders seit der Frauenbewegung, die die Frauen „befreien" will, hat sich das grundlegend verändert.

Die Frauenrechtsbewegung hat zweifellos viel Gutes bewirkt. Zahllose Frauen wurden aus ausbeuterischen Beziehungen und Bindungen gelöst, die man in manchen Fällen getrost als „Sklaverei" bezeichnen konnte. Doch leider weist die Bilanz genausoviel Soll wie Haben auf: die Scheidungsrate ist sprunghaft angestiegen; die Zahl der Eheschließungen ist zurückgegangen; Millionen von Babys wurden abgetrieben; andere Babys sind unerwünscht und werden nicht geliebt; das Zusammenleben innerhalb der Familien hat sich verschlechtert; viele Frauen sind unzufrieden und unerfüllt.

Angesichts dieser Tatsachen tut sich heutzutage eine junge Frau schwer mit der Beantwortung der Frage: Wie bereite ich mich auf die Ehe vor? In den Generationen vor uns waren es die Mütter und Großmütter, die im Rahmen der täglichen Verrichtungen ihre Töchter lehrten. Heutzutage ist das die Ausnahme. Eine Frau, deren Ehe in die Brüche gegangen ist, kann ihrer Tochter in Ehefragen kein Vorbild sein. Oftmals wurde auch die Mutter selbst nicht unterwiesen, weil auch die Ehe *ihrer* Mutter in die Brüche gegangen war. Darüber hinaus hat eine Mutter, die den ganzen Tag hart arbeitet, um den Lebensunterhalt ihrer Familie zu sichern, am Abend nur noch wenig Zeit und Energie, sich der Unterweisung ihrer Tochter in der Kunst der Haushaltsführung zu widmen.

Ein Teil der natürlichen Vorbereitung auf die Ehe ist die Einhaltung der Geschlechterrollen innerhalb der Familie sowie der normalen Wechselbeziehung zwischen Vater und Mutter. Ein Mädchen, das in einem kaputten Elternhaus groß wird, hat nicht die Gelegenheit zu beobachten, wie sich ihre Mutter als Ehefrau verhält. Wenn sein Vater nicht mit im Haus wohnt, ist es ihm nicht möglich, eine enge und natürliche Beziehung zu einem Mann aufzubauen. Auf seinem Weg zur Reife braucht ein Mädchen die Bewunderung ihres Vaters, sowohl für die Entwicklung eines guten Selbstwertgefühls als auch zur Vorbereitung auf die Beziehung zu ihrem eigenen Mann.

Doch in unserer Generation bekommen Mädchen eben nicht diese praktische Vorbereitung auf die Ehe; stattdessen werden sie in den Schulen, in Filmen, im Fernsehen, in Zeitschriften mit humanistischen und feministischen Philosophien bombardiert. Man sagt ihnen, wie sie ein attraktives Äußeres fördern können. Man erwartet von ihnen, sich auf eine berufliche Karriere vorzubereiten und gibt ihnen reichlich Gelegenheit, dies zu lernen, aber man unterweist sie nicht, wie sie erfolgreiche Ehefrauen werden können.

Somit ist es legitim zu fragen: Kann sich eine junge Frau in unserer heutigen Zeit überhaupt noch auf die Ehe vorbereiten? Lohnt es sich in einer Gesellschaft, die sich so radikal verändert hat, den Versuch zu unternehmen und sich vorzubereiten? Sollte sie nicht einfach die verschiedenen Gelegenheiten beim Schopf packen, die sich ihr bieten?

Meine Antwort darauf lautet: Für all jene, die bereit sind, Zeit zu investieren und es sich etwas kosten zu lassen, die damit einverstanden sind, „den Preis zu zahlen", wird die Vorbereitung auf die Ehe fürstlich belohnt werden. Unabhängig davon, ob eine Frau nun letztendlich heiraten wird oder nicht – die Vorbereitung auf die Ehe kann ihr den Weg zu einem erfüllten Leben bahnen. Diese Auswirkungen beschränken sich noch dazu nicht allein auf das Leben hier auf Erden. Gott hat vor Anbeginn der Zeit geplant, eine Braut für seinen Sohn, den Herrn Jesus, vorzubereiten. Die Bibel beschreibt den Höhepunkt dieses Zeitalters mit einem überaus anschaulichen Bild, dem Hochzeitsmahl des Lammes.

Jahre bevor ich ahnen konnte, daß ich Derek einmal heiraten würde, las ich die Worte aus Offenbarung 19,7, die mich herausforderten und inspirierten: „(Die Braut) hat sich bereitgemacht." Der Herr hatte sich mir offenbart, als ich eine vierzigjährige, geschiedene Frau war, und erfüllte mich mit einer unglaublichen Liebe zu ihm. Ich war begeistert darüber, daß er mich so sehr liebte, mich so annahm wie ich war und einen ganz speziellen Plan für mein Leben hatte.

Dieser Schriftstelle entnahm ich auch, daß er mir nicht nur für eine kurze Zeit Glück schenken mochte. Er wollte vielmehr die Ewigkeit mit mir verbringen! Es war meine Verantwortung, mich bereitzumachen, um ein Teil seiner Braut sein zu können.

Dadurch sah ich mein Ledigendasein aus einem völlig anderen Blickwinkel: die Entwicklung des Charakters zu fördern und nach einem lohnenden und befriedigenden Lebensstil zu trachten war kein Selbstzweck, sondern das Tor zu etwas viel Gewaltigerem. Ab diesem Zeitpunkt fand ich die totale Erfüllung darin, meinem geliebten Herrn von ganzem Herzen zu dienen.

Einige Jahre später stellte er erstaunlicherweise und völlig unerwartet Derek in mein Leben, und schon bald bereitete ich mich darauf vor, meinen irdischen Bräutigam zu heiraten (ich berichte darüber in Kapitel 12). Damals und auch heute noch stelle ich immer wieder fest, daß die Eigenschaften, die eine Frau Gott wohlgefällig machen, sie auch ihrem Ehepartner wohlgefällig machen.

Wenn Sie bei der Vorbereitung auf die irdische Ehe Ihr Herz ganz und gar auf den Herrn Jesus ausgerichtet haben und nie vergessen, daß es Ihr letztendliches Ziel ist, Teil seiner herrlichen Braut zu sein, dann werden Sie nicht nur für kurze Zeit, sondern für immer Freude finden. Die Vorbereitung auf die Ehe ist auch eine Vorbereitung auf Jesus.

In diesem Kapitel wende ich mich ganz speziell an Frauen und möchte ihnen damit vor allem helfen, ihr Ziel klarer zu sehen, und sie anleiten, die Frau zu werden, die den Mann, für den Gott sie geschaffen hat, ergänzen, d. h. „ganz machen" wird. Ich biete Ihnen bewährte, praktische Ratschläge an, die aus der Heiligen Schrift, meiner eigenen Erfahrung und von anderen Frauen stammen.

Diese Anregungen sollten die Qualität Ihres Lebens als ledige Frau verbessern, gleichgültig, ob Sie noch zur Schule gehen, zu Hause bei Ihren Eltern wohnen oder im Berufsleben stehen. Sie können sie für Ihre konkrete Situation anwenden, ob Sie nun ledig, verwitwet oder geschieden sind, ob Sie 14 oder 54 sind. Charaktereigenschaften sind zeitlos.

Als ich selbst mit meinen Vorbereitungen begann, stand ich im Berufsleben und hatte gleichzeitig Kinder großzuziehen. Später stand ich im vollzeitlichen Dienst für den Herrn in Jerusalem, und nach wie vor galten dieselben Prinzipien. Ich hoffe, meine Vorschläge werden Sie ermutigen, nach Möglichkeiten zu suchen, Ihren Charakter zu formen und Ihre Persönlichkeit zu bilden – und zwar auf eine Art und Weise, die ganz konkret zu Ihnen paßt. Meine zwölf Vorschläge erheben auf keinen Fall Anspruch auf Vollständigkeit!

Betrachten wir zunächst, wie Gott die Frau sieht. Noch bevor er sie schuf, beschrieb er sie: „Es ist nicht gut, daß der Mensch allein sei; ich will ihm eine *Hilfe* machen, die ihm entspricht" (1. Mos. 2,18; Hervorhebung von der Autorin). Das Wesen einer Frau findet seine Ausdrucksform und Erfüllung im Helfen.

Überall in der Bibel setzt Gott die Mosaiksteine seines Bildes der Frau zusammen. Auf der Grundlage meiner eigenen Aufzeichnungen habe ich eine Liste von sechsundzwanzig „Eigenschaften einer Hilfe" zusammengestellt. Viele Frauen sind der Meinung, die Bibel sei ein „Männerbuch" – sie handele von Männern und richte sich an Männer. Doch ich finde darin eine

Fülle von praktischen Hinweisen und Anregungen, die für jede Person und für jeden Lebensbereich ihre Gültigkeit haben.

Eigenschaften einer Hilfe

allgemein	**zu Hause**	**weiblich**
weise	fleißig	bescheiden
freundlich	umsichtig	rein
treu	stark	mit einem ruhigen und
loyal	fürsorglich (für das	sanftmütigen Geist
nüchtern	Heim und die Familie)	unbezahlbar
ehrenhaft	fähig	voll Vertrauen
vertrauenswürdig	pflichtbewußt	
liebenswürdig		
mutig		**geistlich**
großzügig		eifrig im Gebet
		prophetisch begabt
		im Dienst stehend
		hingegeben
		ehrfürchtig gegenüber
		dem Herrn

Interessanterweise beziehen sich nur sechs von diesen sechsundzwanzig Charaktereigenschaften ganz konkret auf das Heim und nur eine einzige (fürsorglich für das Heim und die Familie) ist auf das Zuhause *beschränkt*. Mit anderen Worten: man kann sie zur Entfaltung bringen, noch bevor man ein eigenes Heim und eine eigene Familie hat, und man kann sie anwenden, gleichgültig, ob man Hausfrau oder berufstätig ist.

Bitten Sie den Heiligen Geist, Ihnen zu zeigen, welche dieser Eigenschaften für Sie momentan am wichtigsten sind, und fangen Sie an, nach Mitteln und Wegen zu suchen, wie Sie sie in Ihr Charakterbild integrieren können.

Nun meine zwölf Vorschläge:

1. Bereiten Sie sich darauf vor, eine „Hilfe" zu sein. Als Gott die Frau schuf, verfolgte er damit ein konkretes Ziel. Er schuf sie anders als den Mann, da sie auch eine andere Funktion haben sollte – keine weniger wichtige, aber eine andere. Er machte die Frau zu einer „... Hilfe ..., die (dem Mann) entspricht" (1. Mos. 2,18). Mir scheint, daß einige der zentralen Probleme des 20.Jahrhunderts im direkten Zusammenhang damit zu sehen

sind, daß Frauen in ihrer Rolle frustriert sind. Millionen von Frauen sind nicht in der Lage, den Zweck zu erfüllen, zu dem sie geschaffen wurden.

Ich kann dies aus erster Hand bezeugen. Als Karrierefrau war ich ziemlich erfolgreich. Sowohl vor als auch nach meinem Collegeabschluß war jede Änderung meines Berufsbildes eine Beförderung. Ich war Privatsekretärin, Büroleiterin, Lehrerin, leitende Angestellte und in der Verwaltung des Bundesstaates Maryland für ein Jahresbudget von zwei Millionen Dollar verantwortlich. Aber ich war nie wirklich zufrieden. Erst als ich Derek heiratete, fand ich tiefe Zufriedenheit, eben weil ich nun die Hilfe war, zu der Gott mich geschaffen hatte.

Doch als ich zurückschaute, wurde mir klar, daß ich *all* diese Erfahrungen machen mußte, um später dann Dereks Hilfe zu sein. Diese Jahre waren nicht umsonst. Es waren Jahre der Vorbereitung.

Wenn Sie eine erfolgreiche Ehefrau sein wollen, müssen Sie der Tatsache ins Auge schauen, daß Gottes Maßstäbe und Absichten nach wie vor dieselben sind. Sie müssen in Ihrem Herzen die Entscheidung treffen, daß Sie die Frau sein wollen, zu der Gott Sie geschaffen hat. Erst dann können Sie darüber nachdenken, wie Sie dieses Ziel erreichen können. Den Partner zu finden ist nicht der Anfang; Sie fangen vielmehr bei sich selbst an.

Erst wenn Sie verheiratet sind, werden Sie wissen, wie Ihre Rolle als Gehilfin genau aussehen wird. Die Tätigkeit und das Temperament Ihres Mannes werden diesbezüglich den Ausschlag geben. In der Regel hilft die Frau ihrem Mann vor allem dadurch, daß Sie ihm ein Zuhause schenkt, ungeachtet dessen, welche Tätigkeit ihr Mann hat und ob sie selbst berufstätig ist oder nicht.

In aller Regel ist es die Frau, die die Einkäufe erledigt, das Essen kocht und es auf den Tisch bringt. Sie macht die Wäsche und hält das Haus sauber. Sie ist für die Verschönerung des Hauses verantwortlich. Solange die Kinder noch klein sind, beschränkt sich ein Großteil ihrer Aktivitäten auf zu Hause. Die Frau hat vor Gott und vor ihrem Mann die Verantwortung, den Charakter der Kleinen, die ihnen anvertraut sind, zu formen und richtig zu prägen.

98

Von diesem Heim geht der Mann in die Welt hinaus, um Erfolg zu haben oder zu versagen, um Erfüllung zu finden oder Frustration. Eine Ehefrau, die eine Atmosphäre der Liebe und der Ermutigung, des Friedens und der Stabilität schafft, kann davon ausgehen, daß sie auch am Segen und am Lohn des Erfolgs ihres Ehemannes Anteil haben wird.

Ob die Hausarbeit interessant und herausfordernd oder langweilig und trübselig ist, hängt von ihrer Herzenshaltung ab. Moderne Maschinen und Küchengeräte können sie entweder von ihren Pflichten „befreien" oder sie zu neuen kreativen Höhenflügen anspornen. Wenn Sie bereits jetzt an Ihrer Einstellung arbeiten und Ihr zukünftiges Heim als Ausdrucksmittel Ihrer Liebe und Dankbarkeit gegenüber Gott und Ihrem Ehemann betrachten, haben Sie schon den ersten Schritt zu einem glücklichen, erfolgreichen und erfüllten Leben als Ehefrau getan. Die anderen Gesichtspunkte Ihrer Rolle als Gehilfin werden sich nach und nach entwickeln, wenn Sie lernen, mit Ihrem Mann in einem Team zusammenzuarbeiten.

Eine Ehefrau, die an ihrer eigenen Karriere arbeitet oder selbst zur Arbeit geht, um so ihren Beitrag zur Aufrechterhaltung des Familienlebens zu leisten, wird stets zwischen ihrer vorrangigen Rolle als Gehilfin und dieser zweitrangigen Rolle hin- und hergerissen sein. Das Gleichgewicht zwischen diesen beiden Rollen zu finden und zu halten ist eine Herausforderung, die niemals aufhört. Der wichtigste Rat, den ich Ihnen hierzu geben kann, lautet: Erkennen Sie die richtige Reihenfolge Ihrer Prioritäten und tun Sie alles in Ihrer Macht Stehende, um Ihre vorrangige Rolle auch an erster Stelle zu belassen.

Die Ehefrau, wie sie in Sprüche 31,10-31 geschildert wird, ist ein Beispiel für eine Frau, die der Vision, eine Gehilfin zu sein, nachjagt. Wir lesen von einer Geschäftsfrau, die die Familienangelegenheiten so erfolgreich zu regeln versteht, daß ihr Ehemann freigesetzt wird, um seinen Platz unter den Leitern der Stadt einzunehmen. Sie kauft und verkauft. Großzügig gibt sie den Armen. Ihre Worte sind voller Weisheit, und das Herz ihres Mannes vertraut ihr (vgl. V.11).

2. Pflegen Sie Ihre Beziehung zum Herrn. Ihr himmlischer Vater hat einen Plan für Ihr Leben, der gut, wohlgefällig und vollkommen ist (vgl. Röm. 12,2). Wenn Sie sich bewußt dafür entscheiden, Gott nahe zu sein und zu hören, was er Ihnen *persönlich* Tag für Tag sagt, finden Sie schneller den richtigen Weg innerhalb dieses Plans. Wenn Sie noch keine erfüllte Beziehung mit dem Herrn haben, müssen Sie lernen, wie Sie sich ihm in Ihrer täglichen stillen Zeit nähern können.

Ich möchte betonen, daß es kein Erfolgsrezept gibt, das immer funktioniert. Jeder ist anders; die Art und Weise unserer Beziehung zu Gott hängt von unserer Persönlichkeit ab. Ich möchte Ihnen jedoch gerne ein wenig von meinen eigenen Erfahrungen aus der Zeit vor meiner Ehe mit Derek erzählen. Vielleicht finden Sie in diesem oder jenem Beispiel aus meinem Leben genau das, was Sie brauchen, um die richtige Richtung zu erkennen.

Ich gehe davon aus, daß Sie bereits wiedergeboren sind und dem Herrn Ihr Leben uneingeschränkt und vollständig hingegeben haben. Wenn Sie diesen entscheidenden ersten Schritt noch nicht gegangen sind, möchte ich Ihnen empfehlen, innezuhalten und zu Kapitel 4 „Die Pforte" zurückzugehen, bevor Sie hier weiterlesen.

Hier nun sieben konkrete Vorschläge:

a. Denken Sie daran, daß man in Beziehungen Zeit investieren muß. Wir müssen bereit sein, Zeit mit dem Herrn zu verbringen, ihn anzubeten, sein Wort zu lesen, zu beten und auf ihn zu warten. Ohne diese Voraussetzungen wird unsere geistliche Entwicklung stets Mängel aufweisen. Es gibt zu viele „zurückgebliebene" Christen – kostbare Seelen, die neues Leben gefunden haben und denen das ganze Potential der Gottheit zur Verfügung steht, die sich jedoch nie selbst diszipliniert haben, um an diesem Reichtum teilzuhaben.

Verlieren Sie nie aus den Augen, daß eine Frau ihrem Mann nur so viel geben kann, wie sie selbst in sich hat. Wenn eine Frau geistlich unterentwickelt oder gar stehengeblieben ist, können ihre Schönheit und ihr Potential nie voll zur Entfaltung kommen. Jetzt gilt es, ein solides Fundament zu legen, auf dem Sie im weiteren Verlauf Ihres Lebens – sei es als Single oder als verheiratete Frau – aufbauen können.

b. Reservieren Sie die beste Zeit für Gott. Bei den meisten von uns ist das der frühe Morgen, bevor wir uns den Anforderungen der Welt stellen müssen. Ledige Frauen können es lernen, sich auf Jesus, unseren himmlischen Bräutigam, auszurichten. Wenn wir ihn erst einmal so sehen, können wir nichts anderes mehr tun, als ihm unsere Liebe zu zeigen und dies zu unserer obersten Priorität zu machen. Seit dem Tag, an dem ich Jesus 1970 begegnete, habe ich es mir beinahe täglich auf die Fahnen geschrieben, mit keinem Menschen zu sprechen, bevor ich nicht zuerst mit dem Herrn gesprochen habe. Er hilft mir, mich für den Tag zu rüsten. Als ich um halb acht Uhr morgens das Haus verlassen und zur Arbeit gehen mußte, stand ich um fünf Uhr auf, um dem Herrn nicht die Zeit zu stehlen.

c. Beginnen Sie Ihren Tag mit Dank und Lobpreis. Ich beginne jeden Tag, indem ich Gott für seine Liebe danke, für das Blut Jesu, für die Schönheit der Schöpfung und für das Vorrecht, ihm dienen zu dürfen. Ich hebe meine Augen zu ihm auf, öffne meinen Mund und singe. Er sagt:

Laß mich deine Gestalt sehen, laß mich deine Stimme hören! Denn deine Stimme ist süß und deine Gestalt anmutig (Hl. 2,14).

Wir haben eine sehr persönliche Beziehung. Ich bin keine gute Sängerin, aber es gefällt dem Herrn, wenn ich ihm Lieder singe. Ich höre Anbetungskassetten und lerne die Lieder auswendig. Früher nahm ich mir immer ein kleines Gesangbuch ins Bad mit, um beim Zähneputzen und Schminken alte Hymnen auswendig zu lernen. Mein Repertoire umfaßt die verschiedensten Lieder, so daß der Heilige Geist sie einsetzen kann, wie es ihm gefällt.

d. Lesen Sie in der Bibel, bevor Sie beten. Wir ehren Gott, indem wir ihm gestatten, zu uns zu sprechen, bevor wir anfangen, mit ihm zu sprechen. Es hat mir sehr viel gebracht, zwei Lesezeichen in meiner Bibel zu haben, damit ich am Morgen aus dem Neuen und am Abend aus dem Alten Testament lesen kann. Eine Zeitlang las ich jeden Tag einen kurzen Abschnitt aus den geschichtlichen Büchern, den Psalmen und Propheten und aus dem Neuen Testament (dafür brauchte ich dann drei Lesezeichen).

e. Führen Sie eine Gebetsliste, vor allem, wenn Sie allein beten. Mir persönlich hat das geholfen, zielgerichtet vorzugehen und nicht vom Weg abzuweichen. Ich stellte mir eine einfache Liste mit Namen und Situationen zusammen, in der ich die

Anliegen jeweils nach bestimmten Gesichtspunkten ordnete, wie z. B. Bekehrung, Heilung, Wegweisung, geistliche Leiter, bestimmte Teile des Leibes Christi oder verschiedene Nationen. Ein wichtiger Hinweis: Verwenden Sie nicht Ihre gesamte Gebetszeit für problembeladene Menschen. Beten Sie auch für jene, die die Arbeit im Reich Gottes vorantreiben. Derek und ich verlassen uns auf die täglichen Gebete anderer Glaubensgeschwister im Leib Christi; wir segnen sie jeden Tag in unserem persönlichen Gebet.

Als ich allein betete, hatte ich überdies ein kleines Büchlein, in dem ich Bibelstellen, die in bestimmten Situationen besonders zu mir sprachen, sowie prophetische Worte vom Herrn, notierte. Wenn es mir einmal nicht so gut ging und in den langen Monaten, als ich größtenteils ans Bett gefesselt war, wurde ich durch diese Worte immer wieder sehr ermutigt. Noch etwas: zögern Sie nicht, für sich selbst zu beten. Lassen Sie sich nicht von Ihren eigenen Problemen erdrücken, aber bitten Sie Gott, Ihnen zu helfen, in Problembereichen siegreich zu sein. Er ist bereit, unser Gebet zu hören und zu erhören, denn er möchte uns ja in das Bild seines Sohnes umgestalten.

f. Beschränken Sie Ihre Zeit mit dem Herrn nicht auf die Stille Zeit. Ich stehe ständig in Kontakt mit dem Herrn; ich bin stets gesprächsbereit. Als ich allein war, hatte ich stets eine Bibel oder eine Lehrkassette zur Hand und war deshalb auch nie einsam. In meiner freien Zeit füllte ich meine Gedanken mit Passagen aus der Bibel oder las in erbaulichen Büchern. Ich lernte, ganz besonders dann mit dem Herrn zu reden, wenn ich mit meinen Händen arbeitete, meine Gedanken jedoch vergleichsweise frei waren, wie z. B. beim Geschirrspülen, beim Bügeln, bei der Körperpflege oder beim Autofahren. Was ich mir auf diese Weise als Single angewöhnt hatte, bereichert heute noch immer mein Leben als verheiratete Frau.

g. Achten Sie darauf, daß Gott in Ihrem Leben an erster Stelle steht. Gott haßt Lauheit: „Also, weil du lau bist und weder heiß noch kalt, werde ich dich ausspeien aus meinem Munde" (Offb. 3,16). Jemand sagte einmal: „Wenn Du Jesus schon einmal näher warst als heute, dann hast Du bereits einen Rückfall erlitten." Die Menschen gehen in winzigen, ja fast nicht wahrnehmbaren Schritten rückwärts. Überprüfen Sie sich, bevor Ihnen dies widerfährt, denn der Weg der Umkehr ist lang und beschwerlich und nur wenige halten ihn durch. Lassen Sie nicht los, was Sie schon haben!

3. Praktizieren Sie Hingabe und Loyalität. Sie können nicht erst am Hochzeitstag anfangen, Hingabe und Loyalität zu praktizieren. Wenn Sie sich nicht von ganzem Herzen zunächst dem Herrn und dann einer Person oder Sache hingegeben haben, werden Sie dann auch nicht bereit sein, sich Ihrem Mann hinzugeben. Zeigen Sie Ihrem Arbeitgeber gegenüber Engagement? Oder sind Sie ein Mietling, der die Stunden zählt und nach Vorwänden sucht, um sich freizunehmen? Wenn Sie zu Hause leben, übernehmen Sie Verantwortung für Ihre Aufgaben, oder muß man Sie immer an alles erinnern? Stehen Sie Ihrer Familie loyal gegenüber? Halten Sie ihre Versprechen, oder machen Sie Ausflüchte, um sie brechen zu können? Sind Sie ein verbindlicher und verläßlicher Teil Ihres Hauskreises oder Ihrer Gemeinde? Kann man sich darauf verlassen, daß Sie Projekte, für die Sie sich freiwillig gemeldet haben, auch zu Ende führen?

Lesen Sie das Gleichnis vom Sämann in Matthäus 13 und entschließen Sie sich, ein guter Boden zu sein, in dem gute Samen eine gute Ernte hervorbringen.

4. Fördern Sie Ihr Selbstwertgefühl. Viele Frauen heiraten den falschen Mann oder versagen in der Ehe, weil sie ihren Selbstwert zu gering einschätzen. Sie sind ein Kind Gottes. Jesus hat Sie so wertgeschätzt und so sehr geliebt, daß er für Sie starb! Überall im Neuen Testament und in den Psalmen finden wir Passagen, in denen die Gläubigen ermutigt werden, sich selbst so zu sehen, wie Gott sie sieht. Investieren Sie Zeit und lernen Sie diese Bibelstellen auswendig, damit Sie sie stets parat haben. Hier einige von ihnen:

> Wir alle aber schauen mit aufgedecktem Angesicht die Herrlichkeit des Herrn an und werden so verwandelt in dasselbe Bild von Herrlichkeit zu Herrlichkeit, wie es vom Herrn, dem Geist, geschieht (2. Kor. 3,18).

> Denn in ihm wohnt die ganze Fülle der Gottheit leibhaftig, und ihr besitzt die ganze Fülle in ihm, der das

Haupt jeder Herrschaft und Gewalt ist (Kol. 2,9-10; Menge).

Denn Gott ist's, der in euch wirkt beides, das Wollen und das Vollbringen, nach seinem Wohlgefallen (Phil. 2,13; LÜ).

Denn wir sind sein Gebilde, in Christus Jesus geschaffen zu guten Werken, die Gott zuvor bereitet hat, damit wir in ihnen wandeln sollen (Eph. 2,10).

Satans Hauptwaffe gegen die Gläubigen ist Anklage. Eine weitere Taktik ist Entmutigung. Die beste Antwort Jesu darauf – und somit auch unsere – ist das Wort Gottes. Während Sie in der Bibel lesen und beten, wird Ihnen der Heilige Geist vermutlich Bereiche aufzeigen, in denen Sie sich verändern oder verbessern müssen. Verdammen und bemitleiden Sie sich nicht selbst, wenn dies geschieht. Bitten Sie vielmehr den Herrn, Ihnen zu helfen, und entscheiden Sie sich dafür, aktive Schritte einzuleiten. Wenn Sie Befreiung von bösen Geistern brauchen oder wenn auf Ihrem Leben ein Fluch liegt, der noch nie gebrochen wurde, dann suchen Sie einen Seelsorger auf. Wen der Sohn befreit hat, der ist wahrhaft frei!

Wenn Sie in sich ein gutes Selbstwertgefühl fördern, werden Sie dadurch auch fähig, Ihren Ehemann besser zu ermutigen und aufzuerbauen. So können Sie ihm helfen, sein eigenes volles Potential auszuschöpfen. Man findet nur selten einen Mann, dessen Entwicklung über die Grenzen, die durch die Erwartungshaltung seiner Frau gesetzt werden, hinausgeht. Ihre Meinung von ihm ist von entscheidender Bedeutung für seinen Erfolg.

Eine Frau, die weiß, was alles in ihrem Mann steckt, kann ihn ermutigen, für ihn beten und dann voll Begeisterung mitverfolgen, wie Gott dieses Potential ausschöpft.

5. Lernen Sie eifrig. Lesen Sie noch einmal, wie die Frau in Sprüche 31 beschrieben wird; das sollte Sie ermutigen, sich in so vielen Bereichen wie möglich weiterzuentwickeln. Wenn Sie noch zur Schule gehen (Gymnasium oder Universität), achten Sie darauf, daß Sie auch Zeit dafür verwenden, Ihre praktischen Fertigkeiten zu pflegen: Nähen, Kochen und Ernährung, Kinderpflege, Haushaltsführung, Verschönerung und Dekoration des Heims, Blumenbinden, Handarbeit, kreative Hobbys. Lassen Sie sich vom Heiligen Geist in besondere Bereiche führen: Ausdruckstanz, Musik, Fotografieren, Töpfern, Holzschnitzen. Er weiß genau, was Sie brauchen werden, um die Gehilfin Ihres Mannes zu sein (vielleicht begegnen Sie Ihrem Zukünftigen ja auch in einem solchen Kurs). Unterschätzen Sie nicht, welchen Wert Sport und körperliche Ertüchtigung für Sie haben kann. Wenn Sie bereits berufstätig sind und noch nie Gelegenheit dazu hatten, sich diese praktischen Fertigkeiten anzueignen, dann legen Sie jetzt gesteigerten Wert darauf: erkundigen Sie sich bei Einrichtungen für Erwachsenenbildung, suchen Sie sich eine vielbeschäftigte Hausfrau, bei der Sie ein oder zwei Abende in der Woche „in die Lehre" gehen können und ergreifen Sie selbst die Initiative! Wenn Sie dies auf die lange Bank schieben, dann könnten Sie selbst der Grund dafür sein, weshalb es so lange dauert, bis Sie Ihren Partner finden. Gott möchte, daß Sie vorbereitet sind!

Da ein wesentlicher Teil Ihrer Pflichten die Pflege und Versorgung Ihrer Kinder sein wird, müssen Sie so viel wie möglich im voraus darüber lernen. Die meisten jungen Frauen haben die Möglichkeit zum Babysitten, doch der eine oder andere Kurs über frühkindliche Entwicklung, ja sogar über Kinderpsychologie, kann diese praktischen Fertigkeiten ergänzen.

Meiden Sie Beschäftigungen, die in Ihnen die Passivität fördern, Ihnen ein Gefühl der Leere geben und Ihre Sinne benebeln, vor allem das Fernsehen; nehmen Sie das genau. Sie sind eine wunderbare Schöpfung; das Leben Gottes ist in Ihnen. Ein verlorener Tag oder eine verlorene Stunde ist unwiederbringlich verloren. Entspannung ist absolut notwendig, doch entspannen Sie sich auf eine auferbauende Art und Weise. Nutzen Sie schon jetzt Ihre Zeit weise. Wenn die Verpflichtungen immer mehr werden, wird die Zeit, die Ihnen zur freien Verfügung steht, immer weniger. Jetzt haben Sie die Gelegenheit, Ihre Zeit in Aktivitäten zu investieren, die sich im Laufe Ihres Lebens für Sie bezahlt machen werden, gleichgültig, ob Sie ledig oder verheiratet sind.

6. Seien Sie bereit zu dienen. Es gibt keine bessere Möglichkeit, wie eine Frau ihrem Mann ihre Liebe zeigen kann, als ihm zu dienen. Wie sie ihm dient, hängt von seiner Persönlichkeit und seinem Beruf ab, doch die liebevolle Ehefrau wird ihren Mann studieren und lernen, seine Wünsche vorauszuahnen, noch bevor er sie um etwas bittet. Sehen sie in Ihrem Haushalt eine Ausdrucksform Ihrer Liebe zu Ihrem Mann und einen Dienst an ihm, und er wird nicht mehr mühselig sein.

Wie können Sie sich im voraus darauf vorbereiten, Ihrem Mann zu dienen? Indem Sie anderen mit fröhlichem Herzen dienen. Derek und ich haben im Lauf unserer Ehe durch mehrere junge Frauen, die uns in unserem Haus dienten, viel Segen empfangen. Ich konnte miterleben, wie ihr Vertrauen auf ihre eigenen Fähigkeiten wuchs und sie dadurch förmlich aufblühten. Die Worte Jesu in Lukas 16,10-12 passen so gut auf junge Frauen: Wenn Sie bereit sind, anderen zu dienen, im Kleinen und mit dem Besitz eines anderen Menschen treu zu sein, wird Gott Ihnen zu seiner Zeit Ihr Eigenes geben.

Beschränken Sie sich nicht auf die Dienste, die auf der Hand liegen, wie Krankenbesuche oder freiwillige Mitarbeit in einem Krankenhaus oder einer Gemeinde. Das sind wichtige Bereiche, doch suchen Sie auch nach Möglichkeiten, wie Sie gleichzeitig auch Ihre Fertigkeiten verbessern können.

Bitten Sie den Herrn, Ihnen die Fertigkeiten zu zeigen, die Sie auf Ihre Aufgabe als Gehilfin Ihres Mannes vorbereiten werden. Sie werden ganz sicher nicht ausschließlich etwas mit Haushaltsführung zu tun haben. Eine der glücklichsten Frauen, die ich kennengelernt habe, freute sich sehr darüber, für Ihren Mann die Buchführung machen zu können, als dieser eine eigene Firma aufgebaut hatte, da sie über die geeignete Ausbildung verfügte. Eine Pastorenfrau aus meinem Bekanntenkreis entwirft und fertigt die Kleidung für sich und für ihre Töchter. Mit ihren geschickten Händen kann sie Ideen, die sie in teuren Designerläden sieht, nachmachen. Ihrem Mann macht man Komplimente wegen seines schönen Heims und seiner Familie, und er gibt seinerseits den Segen wieder an sie zurück.

Vor einigen Jahren bauten Derek und ich uns ein Haus in Jerusalem. Wir leben sehr aktiv und unser Terminkalender ist voll; deshalb empfand ich es auch als sehr aufreibend, soviel Zeit und Energie zu investieren, um aus fast 10.000 Kilometern Entfernung die Einrichtung eines Hauses auszusuchen, Möbel zu kaufen und alles zu koordinieren. Ich hatte schon etliche Jahre zuvor die dafür erforderlichen Fertigkeiten erworben, aber ich hielt sie für nicht so wichtig. Meine Haltung änderte sich aufgrund eines einzigen Satzes von Derek: „Vielleicht gehört das zu deiner Vorbereitung auf die Ewigkeit; vielleicht wird dich der Herr in der Ewigkeit mal beauftragen, eine ganze Galaxie 'einzurichten'!" Jetzt ist unser Heim fertig und wir genießen es; ich danke Gott immer wieder, daß ich das Vorrecht hatte, daraus ein schönes, friedliches Refugium zu machen, in dem wir beten und schreiben können. Wenn Sie anfangen, Ihren Dienst als Vorbereitung für die Ewigkeit zu betrachten, sehen Sie auf einmal alles aus einer ganz anderen Perspektive!

Behandeln Sie im Alltag andere so, wie Sie selbst gerne behandelt werden möchten. Ein Großteil der Kunst des Dienens sind lediglich gute Manieren (was vielleicht etwas altmodisch ist), nämlich aufmerksames und rücksichtsvolles Verhalten gegenüber anderen. Einige der liebevollsten jungen Frauen und Männer, denen ich je begegnet bin, hatten eine Ausbildung als Bedienung bzw. Kellner.

Ich kann aufrichtig sagen, daß es mir am meisten Befriedigung gibt, Derek zu dienen. Schon vor unserer Hochzeit suchte ich nach Möglichkeiten, wie ich ihm Lasten abnehmen konnte. Seit wir verheiratet sind, habe ich es gelernt, für alle praktischen Details des Alltags die Verantwortung zu übernehmen. Ob wir nun zu Hause oder unterwegs sind, versuche ich, alles so zu arrangieren, daß das Leben für Derek so unkompliziert wie möglich ist. Wenn wir auf Reisen sind, habe ich verschiedene Dinge in meinem Koffer, die Derek in jeder Situation das Leben so angenehm wie möglich machen sollen.

Wir können uns nach wie vor ein Schmunzeln nicht verkneifen, wenn wir an eine Begebenheit denken, die sich vor einigen Jahren auf dem Londoner Flughafen zutrug. Weil wir nach Belfast unterwegs waren, wurde unser Gepäck peinlich genau kontrolliert. Der Sicherheitsbeamte schüttelte erstaunt den Kopf über meinen Türstopper (es ist uns schon mehrmals passiert, daß die Kinder unserer Gastgeber ohne zu klopfen in unser Zimmer stürmten) und meinen Badewannenstöpsel (in mindestens einem von vier Hotelzimmern funktioniert der Badewannenstöpsel nicht).

Als der Beamte meine Teekanne mit Wärmer zum Vorschein brachte, wollte er immer mehr über uns wissen. Ich sagte, man könne in den meisten Hotels außerhalb Großbritanniens auf den Zimmern keinen Tee zubereiten; deshalb hätte ich stets diese Kanne dabei, damit ich in der Lage wäre, morgens für meinen Mann Tee zu machen.

Schließlich öffnete der Beamte meine kleinen Leinensäckchen mit getrockneten Früchten und Nüssen und fragte mich: „Warum haben Sie das denn dabei?" Ich erklärte ihm, daß es in den Hotels manchmal keinen Zimmerservice gäbe und ich versuchte, immer etwas dabei zu haben, wenn mein Mann einmal hungrig wird. Er schloß meinen Koffer, schaute mich an und sagte: „Mir ist noch nie eine Frau begegnet, die so wie Sie auf wirklich alles vorbereitet ist!"

Ich versuche, sorgfältig auszuwählen und nur die Dinge für Derek zu tun, die niemand anderer für ihn tun kann. Den Rest delegiere ich. Wenn ich mich zu sehr mit allen möglichen Details befasse, habe ich nicht mehr die Flexibilität, um innerhalb kürzester Zeit bei ihm sein zu können.

Ich sehe es vor allem als meine Aufgabe an, ihn vor unnötigen Störungen zu bewahren sowie vor Menschen, die seine Zeit in unzumutbarer Weise in Anspruch nehmen.

7. Seien Sie bereit, sich auf die Prioritäten Ihres Mannes einzustellen. In der englischen „Living Bible" Bibelübersetzung lesen wir von den „... heiligen Frauen von einst, die Gott vertrauten und mit den Plänen ihrer Männer im Einklang standen" (1. Petr. 3,5; wörtl. a. d. Engl.). Es ist die Pflicht einer Ehefrau, flexibel zu sein und bereit, sich den Wünschen ihres Mannes anzupassen, da er das Haupt ist (1. Kor. 11,3). Er gibt den Weg vor, auf dem er und sie gemeinsam gehen werden. Die Frau sollte zu Hause die Königin sein, doch der Mann ist der König!

Ich bewundere Rebekka, die ihr Heim, ihre Familie und ihr kulturelles Umfeld verließ, um mit einem Diener in eine ungewisse Zukunft zu gehen und einen Mann zu heiraten, dem sie noch nie zuvor begegnet war. Sie bewies Glauben und Flexibilität. Ich bewundere auch Sarah, die ihr sicheres Leben in Ur verließ, um den Großteil ihres Lebens mit ihrem Mann auf

108

Wanderschaft zu sein. Daß sie mit 90 noch ein Kind bekommen hat, muß ihren Lebensstil nachhaltig verändert haben!

Doch nicht nur in großen Umwälzungen, sondern auch in den kleinen Dingen des täglichen Lebens ist Flexibilität erforderlich. Ich war ein Frühaufsteher, Derek ist ein Nachtmensch. Durch die Gnade Gottes konnte ich mich so ändern, daß wir nun gemeinsam denselben Zeitplan einhalten können. Ich habe es auch gelernt, mit ihm ein Nachmittagsschläfchen zu halten; auf diese Weise haben wir jeden Tag eigentlich zwei Tage zur Verfügung.

In meinem Fall gilt es überdies auch noch drei verschiedene Lebensstile unter einen Hut zu bringen: teils leben wir bei uns zu Hause in Jerusalem, wo alles sehr ruhig zugeht und wir viel Zeit mit Fürbitte und Schreiben zubringen können; teils wohnen wir in Florida, wo wir uns um die vielfältigen Aktivitäten von Derek Prince Ministries kümmern müssen und am Leben der Gemeinde teilhaben, in der Derek Ältester ist; schließlich sind wir einige Monate im Jahr dienstlich unterwegs. Ich danke Gott jeden Tag dafür, daß ich es lernte, flexibel zu sein, noch bevor ich Derek heiratete! Hätte ich damit bis nach unserer Hochzeit gewartet, wäre es zu spät gewesen.

Ich habe mitverfolgt, wie einige junge Frauen ihre Frisur und ihre Kleidung, ihre Art zu kochen und ihre Freizeitaktivitäten änderten, nachdem sie sich den Wünschen ihres Mannes angepaßt hatten. Wenn Sie Ihrem Mann gefallen wollen, werden Sie viel mehr Segnungen empfangen, als wenn Sie lediglich sich selbst gefallen möchten.

8. Lernen Sie es, im Gebet und in der Fürbitte für andere einzutreten. „Mit allem Gebet und Flehen betet zu jeder Zeit im Geist, und wachet hierzu in allem Anhalten und Flehen für alle Heiligen und auch für mich ..." (Eph. 6,18-19).

Gott sucht Fürbitter. Bitten Sie ihn, Ihnen während Ihrer täglichen Zeit mit ihm zu zeigen, was *er* auf dem Herzen hat, wofür Sie beten können. Je mehr Sie es lernen, eine Fürbitterin zu sein, desto weniger werden Ihnen auch die Themen ausgehen. Gott wird Ihnen Menschen und Situationen in Erinnerung rufen, und Menschen werden Sie um Ihr Gebet bitten.

Ledige Frauen, die Fürbitte leisten, kommen in den Genuß zweier „Nebenwirkungen". Erstens: Sie drehen sich nicht um sich selbst, ihre Probleme und die Tatsache, daß sie noch ledig sind (wenn sie damit ein Problem haben). Zweitens: Sie werden darauf vorbereitet, für ihre Männer zu beten. Ich kenne zwei junge Frauen, deren Männer zwar gut aber nicht außergewöhnlich waren; die beiden fingen an, zwei oder drei Stunden pro Tag für ihre Männer zu beten und Fürbitte zu leisten. Nach zwei Jahren waren die beiden Männer außergewöhnlich erfolgreich, standen geistlich in voller Blüte und erlebten auch beruflich einen Durchbruch. Ein Großteil des Erfolgs Ihres Ehemannes wird von Ihrer Fähigkeit, Fürbitte zu leisten, abhängen.

Bitten Sie Gott, Sie mit einer anderen ledigen Frau, die ähnlich gelagerte Anliegen hat, zum Gebet zusammenzubringen. „Weiter sage ich euch: Wenn zwei von euch auf Erden eins werden, um irgend etwas zu bitten, so wird es ihnen von meinem himmlischen Vater zuteil werden ..." (Mt. 18,19; Menge). Mit einem Gebetspartner zu beten, wird Sie darauf vorbereiten, harmonisch mit Ihrem Ehemann beten zu können.

Ich stehe tief in der Schuld zweier holländischer Schwestern in Jerusalem, die außerordentlich harmonisch gemeinsam Fürbitte leisten. Sie besuchten mich eines Tages, als ich monatelang bettlägerig war; spontan beteten sie dafür, daß Gott mir einen Gebetspartner schenken möge. Etwas mehr als ein Jahr später war ich mit Derek verheiratet. Ihr Gebet wurde erhört und zwar auf eine Art und Weise, die keiner von uns erwartet hätte!

9. Lernen Sie es, richtig mit Ihrem Körper umzugehen. Die meisten jungen Frauen betrachten ihren Körper als etwas Selbstverständliches. Wenn sie nicht gerade unter einem größeren gesundheitlichen Problem leiden, haben sie mehr als genug Kraft, um mit den Anforderungen des Lebens fertig zu werden. Ich war 32, als mich meine Schwiegermutter ermahnte: „Du mußt lernen, dir deine Kraft aufzusparen. Du wirst nicht immer genug davon haben." Ich lachte darüber. Ich war ja so stark. Sechs Jahre später wünschte ich mir, ich hätte damals auf ihren Rat gehört. Mit jedem neuen Lebensjahrzehnt wird es schwieriger, wieder voll zu Kräften zu kommen. Seit 1968 hat Gott einige Wunder für mich getan, aber ich muß nach wie vor sorgfältig darauf achten, daß ich mich richtig ernähre und ausreichend bewege, um den Anforderungen meiner Berufung im Herrn gerecht werden zu können.

Vor mehr als zwanzig Jahren sagte Gott zu Derek: „Wenn du den Dienst, den ich für dich habe, tun willst, dann brauchst du einen starken, gesunden Körper, und du wiegst allmählich zu viel." Nicht jeder bekommt einen solchen persönlichen Hinweis, aber deshalb gilt er dennoch für Sie und mich in gleicher Weise. Wir brauchen einen starken, gesunden Körper, um Gottes Plan für unser Leben umsetzen zu können.

Heutzutage wissen wir, daß wir unserem Mann und unseren Kindern nichts Gutes tun, wenn wir ihnen Süßigkeiten und üppige Desserts vorsetzen oder ein großes, saftiges Steak. In den letzten fünfzehn Jahren ist man von weißem Zucker, weißem Mehl, rohem Fleisch und Fett abgekommen und hat sich voll und ganz auf natürliche Lebensmittel konzentriert. Für viele Männer und Frauen mittleren Alters, die schon einen Herzinfarkt hinter sich haben oder unter Problemen mit Herz und Gefäßen leiden, ist es sehr hilfreich, sich richtig zu ernähren und zu bewegen.

Jüngere Menschen können aus diesen neuen Erkenntnissen lernen und somit die Fehler und Krankheiten früherer Generationen vermeiden. Das amerikanische Institut für Krebsforschung berichtet, daß in vielen Fällen Krebs durch richtige Ernährung und Einnahme bestimmter Vitamine und Mineralstoffe verhindert werden kann.

Es ist die Verantwortung der Frau, das Essen für die Familie zuzubereiten und gute Gewohnheiten in Bezug auf die Ernährung zu fördern. Je mehr Kenntnisse Sie sich schon vor Ihrer Ehe in diesem Bereich aneignen können und je mehr schmackhafte Rezepte Sie parat haben, desto mehr werden Sie auch in der Lage sein, die Gesundheit und Kraft Ihres Ehemannes und Ihrer Kinder zu erhalten.

Jetzt ist auch die Zeit, Ihren Körper durch Übungen und sportliche Betätigung zu kräftigen. Langeweile und Frustration kann man durch körperliche Aktivität mit am besten bekämpfen. Später werden Sie feststellen, daß sich Mann und Frau am leichtesten und gewinnbringendsten gemeinsam entspannen können, wenn sie miteinander Sport treiben. Bereiten Sie sich schon jetzt darauf vor, indem Sie verschiedene Sportarten, wie z. B. Schwimmen, Skilaufen, Windsurfen, Tauchen, Joggen, Handball oder Tennis erlernen.

In unserem Alter betrachten Derek und ich Spazierengehen und Wandern als die beste Art der körperlichen Ertüchtigung. Hand in Hand zu gehen, so wie wir es tun, ist in der Tat ein Geheimnis, ein Schlüssel zur fortwährenden Harmonie, sowohl in körperlicher als auch in geistlicher Hinsicht. „Können etwa zwei miteinander wandern, sie seien denn einig untereinander?" (Am. 3,3; LÜ)

Es gibt etliche gute Bücher zum Thema Ernährung und Fitness. Ich möchte nur zwei davon erwähnen: *Aerobics for Women* von Betty Cooper und *The Pritikin Program for Diet and Exercise* von Nathan Pritikin.

Ein zusätzlicher Vorteil: junge Frauen, die körperlich fit sind und sich richtig ernähren, tun sich während der Schwangerschaft und der Wehen viel leichter und bringen auch gesündere Babys zur Welt.

10. Beobachten Sie das Verhalten der Frau in vorbildlichen Ehen. Als junge Christin stellte ich gleich am Anfang fest, daß bestimmte christliche Ehefrauen sich ihren Männern gegenüber ganz anders verhielten, als ich es je zuvor gesehen hatte. Ihre Weiblichkeit und ihre Hingabe an ihre Ehemänner beeindruckten mich und forderten mich heraus. Ihre Rolle schien sie voll und ganz zufriedenzustellen, und sie führten ganz offensichtlich ein erfülltes Leben.

Auch wenn ich damals noch nicht daran dachte, noch einmal zu heiraten, kam ich nicht umhin, das Verhalten jener Frauen zu studieren. Ich erkannte, daß ich dieselben Eigenschaften wie sie brauchen würde, um mich auf Jesus, meinen Bräutigam, vorzubereiten.

Betrachten Sie sich die verheirateten Frauen in Ihrem Bekanntenkreis. Bitten Sie den Heiligen Geist, Ihnen zu zeigen, welche Eigenschaften für Sie nützlich sind (und was Sie vermeiden sollten!). Versuchen Sie nicht, irgendjemanden zu kopieren. Wenn Sie eine lebhafte Persönlichkeit sind, dann können Sie dennoch einen sanftmütigen und ruhigen Geist bekommen, ohne sich wie ein Mäuschen zu ducken. Einige Frauen, die von ihrem Wesen her ruhig sind, sind schlicht und ergreifend langweilig oder aber auch insgeheim verbittert und scharfzüngig. Ein sanftmütiger und ruhiger Geist ist eine *Herzenshaltung*.

Vergessen Sie auch nicht, daß Sie eines Tages vielleicht für jemand anderen ein Vorbild sein werden, wenn Sie sich gewissenhaft vorbereiten und auch nach der Hochzeit an der Entwicklung Ihrer Persönlichkeit weiterarbeiten. Sie wollen doch wie Paulus sagen können: „Seid meine Nachahmer, wie auch ich Christi Nachahmer bin!" (1. Kor. 11,1)

11. Vertrauen Sie Gott. Seien Sie bereit zu warten. Derek hat in Kapitel 6 „Acht Anhaltspunkte" bereits über diesen Punkt gesprochen. Ich erwähne ihn jedoch noch einmal, da Vertrauen eine der spezifisch weiblichen Charaktereigenschaften ist, die ich am Anfang dieses Kapitels aufgelistet habe. Gott liebt Sie. „Gnade und Herrlichkeit wird der Herr geben, kein Gutes vorenthalten denen, die in Lauterkeit wandeln" (Ps. 84,12). Wenn Sie seine Bedingungen erfüllen, wird er sich um Sie kümmern, gleichgültig, ob Sie ledig oder verheiratet sind.

Es geschieht viel zu oft, daß Frauen heiraten, bloß weil sie Angst davor haben, nicht noch einmal so eine gute Gelegenheit zu bekommen. Dann stellen sie fest, daß es besser war, ledig zu sein, als mit dem falschen Mann verheiratet zu sein. Ihr Leben mißlingt und oftmals auch das ihrer Kinder und Enkelkinder.

Andererseits kenne ich Frauen, die so lange in ihrem Privat- und Berufsleben Erfüllung fanden, bis Gott sie zu ihrem vollkommenen Partner führte. Eine liebe Freundin war 39, als sie heiratete; ich traf sie, als sie 69 war – und ihrem Mann eine vollkommene Ehefrau. Eine andere Freundin war geschieden und einundzwanzig Jahre lang allein; mit 58 lernte sie einen Witwer kennen. Ich habe nur selten zwei Menschen getroffen, die so gut zusammenpaßten! Jede dieser Frauen hätte sich des Besten aus Gottes Hand beraubt, wenn sie den falschen Mann geheiratet oder sich mit ihrem Ledigendasein abgefunden hätte. Gott hielt seine Hand über sie, weil sie ihm vertrauten.

12. Setzen Sie sich Ziele; ordnen Sie Ihre Prioritäten. Sie werden nicht dieselben Ziele und Prioritäten haben wie ich. Gott bereitete mich darauf vor, Dereks Frau zu werden. Vielleicht bereitet er Sie darauf vor, die vollkommene Gehilfin eines Mannes zu werden, der völlig anders ist. Sie müssen sich Ihre eigenen persönlichen Ziele setzen. Doch wie auch immer diese Ziele aussehen, es gelten stets dieselben Prinzipien.

Lesen Sie noch einmal die Auflistung „Eigenschaften einer Hilfe" auf Seite 97; gehen Sie erneut die eben erläuterten elf Punkte durch. Bitten Sie den Herrn, Ihnen zu helfen, jene Punkte herauszufinden, die auf Sie zutreffen, Bereiche, in denen Sie „unterentwickelt" sind oder Charaktereigenschaften, die Sie noch nie zuvor in Betracht gezogen haben. Machen Sie sich zunächst eine Liste dieser langfristigen Ziele.

Greifen Sie dann aus dieser Liste einige kurzfristige Ziele heraus, die sie in den kommenden drei, sechs oder zwölf Monaten durchaus erreichen können. Bleiben Sie dabei realistisch. Kalkulieren Sie mit ein, welche Fähigkeiten Sie momentan haben. Nehmen Sie nicht gleich nächste Woche an einem Marathonlauf teil, wenn Sie zuvor noch nie weiter gelaufen sind als vom Fernseher zum Kühlschrank. Bedenken Sie, in welchen Bereichen Sie bereits Verantwortung übernommen haben – Ihre Ausbildung, Ihre Arbeit, ein gebrechlicher Elternteil, für den Sie verantwortlich sind, oder Kinder aus einer früheren Ehe. Wenn Sie krank sind oder Ihre Gesundheit und Ihre Ernährung vernachlässigt haben, sollten Sie Ihrer körperlichen Gesundheit Vorrang geben.

Wenn Sie sich Ihre Ziele gesetzt haben, können Sie auch die Prioritäten festlegen, die Sie zu diesen Zielen führen werden. Versuchen Sie nicht, alles auf einmal zu tun. Andererseits kann der Heilige Geist Sie durchaus auch so führen, daß Sie an mehr als einem Bereich gleichzeitig zu arbeiten beginnen werden.

Vielleicht hilft es Ihnen auch festzuhalten, wie Sie mit Ihrer Zeit umgehen. Seien Sie ehrlich. Gehen Sie diese Liste durch und entscheiden Sie, was am wichtigsten ist (1., 2., 3. etc.). Machen Sie die Zeit, die Sie für eine Sache aufwenden, von ihrem Stellenwert abhängig. Integrieren Sie Ihre neuen Ziele am richtigen Ort. Wenn Sie so Ihre Prioritäten verlagern, wird sich allmählich auch Ihr Leben ändern.

Als ich das vor einigen Jahren tat, gehörten leeres Gerede (auch wenn es sich um geistliche Dinge drehte) und fruchtlose Seelsorgetermine mit zu den Punkten, die als erste von meiner Liste verschwanden. Ich hatte schon oft Menschen stundenlang seelsorgerlich betreut, die die Bedingungen für geistliches Wachstum überhaupt nicht erfüllen wollten.

Wir sind vor Gott dafür verantwortlich, wie wir mit unserer Zeit umgehen, sowie für jedes nutzlose Wort, das wir gesprochen haben. Ich möchte nicht vor Gott stehen und ihn sagen hören: „Du hättest es besser machen können."

Welche Rolle spielen die Eltern und der Pastor?

Es ist natürlich, daß sich Eltern darüber Gedanken machen, welche Partner ihre Kinder heiraten. In verschiedenen Kulturen und Epochen der Geschichte verliehen Eltern dieser Sorge in verschiedenartiger Weise Ausdruck. Es gab eine Zeit, in der es in manchen Kreisen des Judentums die ausschließliche Verantwortung der Eltern war, die Partner ihrer Kinder auszuwählen. Bei verschiedenen arabischen und asiatischen Völkern ist das auch heute noch üblich.

In unserer westlichen Kultur erscheint den meisten Menschen ein solcher Brauch mittelalterlich und auf eine lächerliche Art und Weise autokratisch. Doch bevor wir uns diese Einschätzung zueigen machen, sollten wir kurz darüber nachdenken und die Auswirkungen beurteilen. In *diesem* Punkt kann es sich die westliche Kultur nicht leisten, mit dem Finger auf irgendein anderes System zu zeigen, denn keine andere Kultur der Menschheitsgeschichte hat so viele unglückliche und kaputte Ehen mit all den unausweichlichen und verheerenden sozialen Auswirkungen hervorgebracht.

Gibt es nun ein bestimmtes System zur Zusammenführung von Ehepartnern, das allen anderen überlegen ist? Ich bin geneigt, dies zu verneinen. Es gibt jedoch bestimmte Prinzipien, die in allen Fällen Gültigkeit haben und in verschiedensten Kulturen und sozialen Systemen gewinnbringend funktionieren können. Eltern können diese Prinzipien im Interesse ihrer Kinder anwenden, die Kinder können sie auch in ihrem eigenen Leben umsetzen. Die Resultate, die man bekommt, muß man auf jeden Fall auf die Prinzipien zurückführen, die zur Anwendung kommen, und nicht auf die Personen, die sie anwenden.

Der Weg zum Erfolg läßt sich in einem Wort zusammenfassen: Respekt; Respekt in dreierlei Hinsicht: Respekt vor Gott und seinem Wort; Respekt vor der Ehe und Respekt vor der Persönlichkeit eines Menschen. In den vorangehenden Kapiteln dieses Buches bin ich bereits auf jeden dieser Aspekte eingegangen. Wird diese Art von Respekt durch falsche Grundeinstellungen und Motive, wie z. B. fleischliche Lust, Begierde, Stolz oder Selbstsucht ersetzt, gibt es kein System, das unter diesen Voraussetzungen noch eine erfolgreiche Ehe hervorbringen könnte.

Dem Bericht der Bibel zufolge sind einige ihrer Hauptfiguren auf ganz unterschiedlichem Weg zur Ehe hingeführt worden. So übernahm z. B. Abraham die Verantwortung dafür, seinem Sohn Isaak eine Braut zu suchen, und sandte zu diesem Zweck seinen Diener wieder nach Mesopotamien zurück. Dem Diener gab man bestimmte Kriterien an die Hand als Richtlinien für seine Entscheidungsfindung, doch letztendlich mußte er sich darauf verlassen, daß im Gebet offenbar werden würde, welche Frau Gott ausgesucht hatte (vgl. 1. Mos. 24,12-14). Das stimmt völlig mit den Prinzipien überein, die bereits an anderer Stelle in diesem Buch dargelegt wurden.

Esau und Jakob, die beiden Söhne Isaaks, entschieden selbst, wer ihre Partnerinnen sein sollten; Esau richtete sich dabei nicht nach den Wünschen seiner Eltern. Jakob hingegen folgte deren Rat; im Grunde traf er jedoch seine eigene Entscheidung und handelte die Bedingungen seiner beiden Ehen mit seinem Onkel Laban aus. Es ist bezeichnend, daß der Sohn, der den Rat seiner Eltern akzeptierte, erfolgreicher war als der, der sich darüber hinwegsetzte.

Zur Zeit der Richter entschied sich Simson gegen den Wunsch seiner Eltern für eine Frau aus dem Volk der Philister. Er überredete jedoch seine Eltern, die Hochzeitsvorbereitungen für ihn zu treffen. Bei seiner Partnerwahl stellte sich Simson gegen das Gesetz des Mose und gegen den Rat seiner Eltern. Dadurch schlug er einen Kurs ein, der ihm letztendlich zum Verhängnis wurde.

Unabhängig von irgendeinem System zur Stiftung einer Ehe ist es einsichtig, daß die Eltern sowohl großen Anteil daran nehmen, als auch die wichtige Verantwortung tragen, dafür zu sorgen, daß die Ehe ihrer Kinder ein Erfolg wird. Wie sollen die Eltern in unserer heutigen Kultur nun vorgehen, um dieses Ziel zu erreichen? Im Folgenden beleuchte ich fünf konkrete Punkte, wie Eltern zum Erfolg der Ehe ihrer Kinder beitragen können.

1. Gebet. Der Tag, an dem Sie beginnen sollten, für die Partner Ihrer Kinder zu beten, die Gott ausgewählt hat, ist der Tag ihrer Geburt. Diese Art von Gebet ist eine langfristige Investition, bei der jedoch gewaltige Dividenden abfallen. Es ist ungleich besser, dieses Thema bereits im voraus konsequent im Gebet zu verfolgen, als zu warten, bis sich eine Krise abzeichnet und dann aus der Verzweiflung heraus mit dem Beten zu beginnen. Diese Gebete können oftmals nicht mehr bewirken, als wenn man die Stalltür schließt, nachdem das Pferd bereits durchgegangen ist.

Ein Ehepaar aus meinem Bekanntenkreis fing an, für die Partner ihrer Kinder zu beten, sobald diese auf der Welt waren. Heute, mehr als dreißig Jahre später, sind alle fünf Kinder hingegebene Christen mit Ehepartnern, die genauso fest im Herrn stehen. Darüber hinaus war ihr Weg in die Ehe nicht von dem Druck und den traumatischen Erlebnissen begleitet, die viele junge Menschen in unserer heutigen Zeit durchstehen.

2. Vorbild. Wenn Sie möchten, daß sich Ihre Kinder nach dem Besten, was Gott in Bezug auf das Thema Ehe für sie hat, ausstrecken, dann geben Sie ihnen sichtbare Markierungspunkte vor, die sie anpeilen können. Sie werden die größte Wirkung erzielen, wenn Sie dies durch Ihr Vorbild tun. Bieten Sie Ihren Kindern lediglich Regeln an, deren praktische Umsetzung sie nie miterleben können, wird das wohl eher negative als positive Auswirkungen haben. Es ist tragisch, aber heutzutage haben viele junge Menschen noch nie eine glückliche Ehe gesehen. Das hat zur Folge, daß sie sich dem Thema Ehe mit einer zynischen und desillusionierten Grundeinstellung nähern. Jede Ehe, die sich unter diesen Vorzeichen entwickelt, ist bereits vor dem Eheversprechen praktisch zum Scheitern verurteilt.

Aus Gesprächen mit jungen Menschen, die Probleme haben, und aufgrund meiner Beobachtungen erfolgreicher Ehen, habe ich den Schluß gezogen, daß es etwas gibt, das sich Kinder im Zusammenleben einer Familie mehr ersehnen als alles andere, auch wenn es ihnen vielleicht gar nicht so bewußt ist – *Harmonie.* Wenn die Harmonie bei den Eltern beginnt, wird sie in der Regel von ihnen auf den Charakter und das Verhalten der Kinder übergehen. Doch wenn es die Eltern nicht schaffen, selbst harmonisch zusammenzuleben, gibt es auch für die Kinder nur wenig Hoffnung darauf.

Eine harmonische Atmosphäre in der Familie trägt mehr dazu bei, den Nöten der Kinder Abhilfe zu schaffen, als die meisten materiellen Segnungen, die man heutzutage fast schon für unverzichtbar erachtet. Als ich Pastor in London war, hatten Lydia und ich oft ein knappes Budget zum Leben. Ich erinnere mich noch daran, daß ich mir die Rasierklingen einzeln kaufte, weil ich mir ein Päckchen auf einmal nicht leisten konnte! Viele Jahre später fragte ich eine unserer Töchter, was sie über diese Zeit, in der wir arm waren, so denke. Erstaunt schaute sie mich an und erwiderte: „In meinen Augen waren Mama und du niemals arm!"

Das harmonische Zusammenleben der Eltern hat noch einen weiteren Vorteil: sie werden in die Lage versetzt, jene Gebete für ihre Kinder zu sprechen, zu deren Erhörung Gott sich verpflichtet hat. Diese Verheißung finden wir in Matthäus 18,19: „Weiter sage ich euch: Wenn zwei von euch auf Erden eins werden (wörtlich: *miteinander harmonieren*), um irgend etwas zu bitten, so wird es ihnen von meinem himmlischen Vater zuteil werden ..." (Mt. 18,19; Menge).

3. Erziehung. In Epheser 6,4 (einer Stelle, die bereits in Kapitel 7 zitiert wurde) erlegt Gott den Vätern die Verantwortung auf, ihre Kinder in den Wegen Gottes zu unterweisen: „Und ihr Väter, reizt eure Kinder nicht zum Zorn, sondern zieht sie auf in der Zucht und Ermahnung des Herrn."

Ich deute diesen Vers nun nicht so, daß der Vater diese Verantwortung ganz allein tragen müßte und die Mutter überhaupt nicht daran beteiligt wäre. Der Vater trägt die primäre Verantwortung, den Prozeß der Kindererziehung in Gang zu bringen, allgemeine Grundsätze der Erziehung festzulegen und umfassende Erziehungsziele zu setzen. Doch innerhalb dieses abgesteckten Rahmens hat die Mutter einen ganz entscheidenden Beitrag zu leisten. Schließlich ist es heute in den meisten Familien so, daß sie die meiste Zeit mit den Kindern verbringt, besonders wenn diese noch jung und formbar sind. Jeden Tag hat sie reichlich Gelegenheit, die Prinzipien, die der Vater vorgegeben hat, zu bestätigen und praktisch umzusetzen. Wenn sie sich selbst als Gehilfin im Sinne des biblischen Modells sieht, gibt es keinen Bereich, in dem ihre Hilfe wichtiger wäre als in der Kindererziehung. Der Schwerpunkt sollte auf der Erziehung liegen, nicht allein auf der Unterweisung. Kinder unterweisen heißt, ihnen die Wahrheiten zu vermitteln, die sie wissen müssen. Kinder erziehen heißt, dafür zu sorgen, daß jene diese Wahrheiten im täglichen Leben anwenden. Die Gemeinde, die Sonntagsschule, ja auch die weltliche Schule sorgen für die Unterweisung der Kinder. Doch erzogen werden sie in erster Linie zu Hause.

In den Kapiteln 5 bis 8 haben Ruth und ich verschiedene Aspekte der Herzenshaltung und des Verhaltens beleuchtet, die einen jungen Menschen in die Lage versetzen werden, den richtigen Partner zu finden und eine erfolgreiche Ehe zu führen. Doch nichts von all dem wird urplötzlich oder aus einem glücklichen Zufall heraus im Leben eines jungen Menschen auftauchen, wenn dieser gerade dabei ist, sich mit dem Thema Ehe zu beschäftigen. Diese Grundeinstellungen und Verhaltensprinzipien können nur durch jahrelange, sorgfältige Erziehung entstehen. Eltern, die ihren Kindern solch eine Erziehung angedeihen lassen, helfen ihnen dadurch, die Grundlage für eine glückliche Ehe zu legen, die ein Leben lang Bestand hat.

4. Gemeinschaft. Die eben beschriebene Art der Erziehung wird einem normalerweise nicht wie in einer Schule vermittelt. Auch gründlich vorbereitete Lehren führen nicht ans Ziel. Situationen wie im Klassenzimmer oder rein verbale Lehren sind zu theoretisch. Meist bekommen junge Menschen so nur den Eindruck, die vermittelten Ziele hätten gar nichts mit konkreten Situationen des täglichen Lebens zu tun. Ungezwungene, kontinuierliche Gemeinschaft, die weder „religiös" noch „akademisch" ist, kann eine Atmosphäre schaffen, die zu diesem Zweck am hilfreichsten ist.

In 5. Mose 6,7 rät Mose den Eltern in Israel, wie sie ihren Kindern die Gebote des Herrn vermitteln können: „Und du sollst sie deinen Kindern einschärfen, und du sollst davon reden, wenn du in deinem Hause sitzt und wenn du auf dem Weg gehst, wenn du dich hinlegst und wenn du aufstehst." Annähernd denselben Rat findet man in 5. Mose 11,19. Mose empfiehlt die einfachen, täglichen Aktivitäten des Familienlebens als Rahmen für diese Art der Unterweisung.

Welche entsprechenden Situationen könnte man sich in unserer Zeit vorstellen? Ein Sohn, der dem Vater beim Rasenmähen oder bei kleinen Reparaturen am Auto hilft. Eine Mutter, die ihrer Tochter in der Küche zeigt, wie man Plätzchen backt oder wie man vom Wohnzimmerteppich einen Fleck entfernt. Andere Aktivitäten, die die ganze Familie miteinbeziehen, wären ein Campingurlaub oder ein Ausflug zu einer Sehenswürdigkeit von historischer Bedeutung. Es scheint jedoch offensichtlich, daß man Gemeinschaft und Erziehung am besten am Mittagstisch vermitteln kann (deshalb ist es auch so wichtig, daß Familien regelmäßig gemeinsam essen).

In all diesen Situationen haben Eltern unbegrenzte Möglichkeiten, wie sie ihren Kindern gute Gewohnheiten und Benehmen einprägen können, verbunden mit Prinzipien der praktischen Arbeit, wie z. B. Ordentlichkeit und Gründlichkeit. Gleichzeitig können sie auch grundlegende Wahrheiten des Wortes Gottes einflechten und zwar in einer Art und Weise, daß deren Relevanz für das tägliche Leben klar ersichtlich wird.

Doch welche Situation man sich auch betrachtet, es muß immer und ausnahmslos eine wesentliche Grundvoraussetzung gegeben sein: *Zeit*. Zeit, die die Eltern gemeinsam mit ihren Kindern in einer natürlichen, entspannten Atmosphäre verbringen. Zeit, die man weise nützt und in jener Phase in die Kinder investiert, in der sie noch am leichtesten formbar sind, wird Früchte hervorbringen, die den Rest ihres Lebens und bis in Ewigkeit Bestand haben werden.

5. Rat. Wenn Kinder die Jugendzeit hinter sich lassen und erwachsen werden, brauchen sie nach wie vor die kontinuierliche Gemeinschaft mit ihren Eltern, auch wenn es wegen schulischer oder beruflicher Anforderungen vielleicht öfters Unterbrechungen geben wird. Jungen Erwachsenen, die ihren eigenen Weg finden, ihren eigenen Lebensstil entdecken und ihre eigenen Entscheidungen treffen, ist es womöglich nicht mehr so bewußt, daß sie ihre Eltern brauchen, auch wenn das vielleicht sogar um so mehr der Fall ist. In dieser Phase gibt es nicht mehr so viele Gelegenheiten zur Unterweisung. Doch es hat sich gezeigt, daß stattdessen etwas anderes gebraucht wird: Rat. Der Übergang von der Erzieher- zur Beraterfunktion setzt eine Haltungsänderung der Eltern voraus. Erziehungsziele kann man mit bestimmten Mitteln durchsetzen; Rat kann man jedoch nur anbieten (Eltern tun sich oft viel schwerer, mit dieser veränderten Zielsetzung fertig zu werden als ihre Kinder!).

Viel hängt davon ab, was für eine Beziehung Eltern bis zu diesem Zeitpunkt mit ihren Kindern aufgebaut haben. Wenn sie sich durch gegenseitige Liebe, Vertrauen und Respekt auszeichnet, dann ist es nur natürlich, daß die Kinder bei ihren Eltern Rat suchen, wenn sie Probleme haben oder vor schwierigen Entscheidungen stehen. Früher oder später werden sie sich wahrscheinlich der schwierigsten Entscheidung überhaupt stellen müssen, nämlich der Partnerwahl.

Wie können sich Eltern nun darauf vorbereiten, ihren Kindern mit einem angemessenen Rat zur Seite zu stehen? Zunächst einmal müssen sie selbst mit einem klaren biblischen Verständnis des göttlichen Plans für die Ehe gerüstet sein. Nur so können sie ihren Kindern die Verläßlichkeit und Stabilität vermitteln, die jene brauchen.

Wenn die Pläne des Kindes mit der göttlichen Richtschnur übereinstimmen, ist die Aufgabe der Eltern recht einfach: sie brauchen das Kind nur kontinuierlich zu begleiten und zu ermutigen. Wenn ein Kind jedoch eine Ehe in Betracht zieht, die nicht mit den biblischen Prinzipien im Einklang steht, dann müssen die Eltern den Herrn suchen und ihn um eine einzigartige Kombination aus Gnade und Stärke bitten.

Die Gnade macht es ihnen möglich, an den Kämpfen und Qualen Anteil zu nehmen, die ein junger Mensch in dieser schwierigen Zeit durchmacht. Sie werden sich einem immensen Druck ausgesetzt sehen, sich mit weniger zufriedenzugeben als dem, was die Liebe Gottes ihrer Erkenntnis nach für ihr Kind bereithält; doch diese Stärke wird sie in die Lage versetzen, in dieser Situation Gottes Maßstäbe beharrlich hochzuhalten. Vielleicht glätten sich die Wellen allein durch ihr Gebet und durch das geistliche Fundament, das in den vorangegangenen Jahren im Leben des Kindes gelegt wurde.

Die Eltern tragen in der Regel die Hauptverantwortung dafür, daß junge Menschen auf eine erfolgreiche Ehe zusteuern. Doch wenn die Familienmitglieder auch Mitglieder einer Gemeinde sind, kann es gut sein, daß darüber hinaus die Leiterschaft in diesem Punkt mitredet. Welche Verantwortung tragen Pastoren in so einer Situation und wie können sie ihr gerecht werden? Zunächst einmal sollten Pastoren darauf achten, daß sie sich nicht zwischen Eltern und Kinder stellen. Solange die Eltern bereit sind, die Verantwortung für ihre Kinder zu übernehmen, sollte der Pastor den Eltern den Weg weisen und sie ermutigen, ihnen jedoch nicht ihre Aufgaben abnehmen. Wenn ein Kind heiratet oder sich zumindest auf dem Weg in die Ehe befindet, tauchen innerhalb der Familie manchmal enorme Spannungen auf. Soweit es möglich ist, sollte die Familie als Einheit gemeinsam mit diesen Spannungen fertig werden. Das stärkt die Beziehungen innerhalb des Familienverbundes für die kommenden Jahre.

Es kann jedoch auch sein, daß sich die Familie außerstande sieht, allein mit der Situation fertig zu werden und den Pastor um Hilfe bittet. Wenn dieser Fall eintritt, ist es ungemein wichtig, daß der Pastor und die Eltern an einem Strick ziehen. Die Eltern sollten ihrerseits den Rat des Pastors respektieren und befolgen, es sei denn, dieser widerspricht ihren eigenen tiefsten Überzeugungen; der Pastor sollte seinerseits alles in seiner Macht Stehende tun, um die Position der Eltern innerhalb der Familie zu respektieren und zu stärken.

Wenn die Eltern und der Pastor so Schulter an Schulter stehen, können sie womöglich ein kostbares junges Leben davor bewahren, in eine vom Teufel sorgsam vorbereitete Falle zu tappen. Doch wenn es dem Teufel gelingt, Zwietracht und Spaltung wie einen Keil zwischen die Eltern und den Pastor zu treiben, kann er sich vielleicht ein Schaf aus der Herde des Herrn schnappen.

Leider bekommen viele junge Menschen in unserer Zeit, in der so viele Familienbeziehungen in die Brüche gehen, von ihren Eltern keine effektive Weisung oder Unterweisung zum Thema Ehe mehr. Wohin sollen sie sich dann wenden? Zunächst einmal zum Herrn! Er hört den Schrei einer jeden Seele, die ihn aufrichtig sucht.

Wer sich Gott zuwendet und ihm sein Leben übergibt, wird von ihm wahrscheinlich zu einer christlichen Gemeinschaft geführt werden, die unter irgendeiner Form von effektiver, pastoraler Aufsicht steht. Dort wird es für diesen Menschen ganz natürlich sein, sich bei der Leiterschaft die Weisung und Unterweisung zu holen, die er sonst von seinen Eltern bekommen hätte. Vielleicht übernimmt ein Pastor eine elternähnliche Verantwortung für junge Menschen, die gar nicht seine leiblichen Kinder sind. Auf diese Weise vereint er in sich die Rolle des Pastors und der Eltern. Jeder Diener Gottes, der bereit ist, diese Verantwortung zu übernehmen, verdient besonderes Lob. Er wird ungewöhnlich schwere Lasten zu tragen haben, aber auch ungewöhnlich großen Segen ernten! Doch bevor er so eine Aufgabe übernimmt, müssen zwei wichtige Punkte geregelt sein. Erstens: Die Eltern müssen die Gelegenheit gehabt haben, ihre Verantwortung zu übernehmen und sich entweder als nicht fähig oder als nicht willens erwiesen haben. Zweitens: Der junge Mensch muß alles in seiner Macht Stehende getan haben, um eine funktionierende Beziehung zu seinen Eltern aufzubauen (diesen Punkt habe ich im fünften Kapitel über die richtigen Grundhaltungen bereits angesprochen).

Doch eine Verantwortung ruht auf allen Pastoren: sie müssen ihren Leuten gründliche, biblische Unterweisung zu allen Aspekten der Ehe geben. In diesem Rahmen sollte auch auf die gegenseitige Verantwortung von Eltern und Kindern eingegangen werden. Unter Umständen ist es recht vorteilhaft, in der Gemeinde jedes Jahr – z. B. unter dem Motto „Herausforderung Ehe" oder „Wie finde ich meinen Partner?" – ein besonderes Seminar für junge Menschen abzuhalten, die die Jugend hinter sich lassen und allmählich erwachsen werden. Ich sage Ihnen schon im voraus, daß es mit Begeisterung aufgenommen werden würde. Überdies könnte es helfen, viele der speziellen Probleme zu lösen, mit denen junge Menschen höchstwahrscheinlich konfrontiert werden. Es ist auf jeden Fall besser, die Stalltür zu schließen, bevor das Pferd Reißaus nimmt!

Dieser Dienst paßt in das prophetische Bild der momentanen endzeitlichen Weltsituation. In den Schlußversen des Alten Testaments erklärt Gott:

> Siehe, ich sende euch den Propheten Elia, bevor der Tag des Herrn kommt, der große und furchtbare. Und er wird das Herz der Väter zu den Söhnen und das Herz

der Söhne zu ihren Vätern umkehren lassen, damit ich nicht komme und das Land mit dem Bann schlage (Mal. 3,23-24).

Gott konfrontiert uns in diesem Wort mit drei ungemein wichtigen Themen. Erstens: Das kritische soziale Problem der Endzeit wird Streit zwischen Eltern und Kindern sein, was den Zerbruch der Familien zur Folge hat. Zweitens: Wenn dieses Problem nicht gelöst wird, wird Gott das Land mit einem Fluch belegen. Drittens: Gott wird einen besonderen Dienst ins Leben rufen, der seine Lösung für dieses Problem anbieten wird. Zweifellos ist es die Verantwortung der Gemeinde, Teil dieser Lösung zu sein!

Sonderfälle

Scheidung und erneute Heirat

Scheidung ist ein gravierendes Problem unserer heutigen Gesellschaft. Ihre fatalen Konsequenzen betreffen jedoch nicht nur das Paar, das sich scheiden läßt. Wenn die beiden Kinder haben, stehen diese fast ausnahmslos in einem unheilvollen emotionalen Spannungsfeld. In vielen Fällen prägt sich ihnen dadurch ein verzerrtes, negatives Bild von Ehe und Familie ein.

Doch abgesehen von den Einzelpersonen, die direkt betroffen sind, ist die Scheidung ein wichtiges Werkzeug der Mächte der Finsternis, um das Familienleben zu zerstören und somit den ganzen Zusammenhalt der Gesellschaft zu gefährden. Jede Kultur oder Zivilisation, die der willkürlichen und unkontrollierten Scheidung Tür und Tor öffnet, sägt an dem Ast, auf dem sie sitzt. Wer Wind sät, wird Sturm ernten!

Das Tragische an der Sache ist, daß die Scheidung in den Reihen der bekennenden Christen inzwischen schon genauso gang und gäbe ist wie unter Nichtchristen. Somit führt auch in diesem Bereich die Entwicklung in letzter Konsequenz unweigerlich zum Zusammenbruch der Gemeinde.

Woran liegt es nun, daß die Ehescheidung unter Christen so zugenommen hat? Hier wären zwei Ursachen zu nennen. Zunächst einmal ein falsches Bild von der Ehe, das offenbart, daß die Gemeinde in diesem Bereich von den Richtlinien Gottes und der Bibel abgewichen ist. Stattdessen hat man die Maßstäbe der Welt übernommen. Jemand hat dies einmal mit folgendem „Gleichnis" veranschaulicht: Ein Schiff im Wasser ist in Ordnung; Wasser im Schiff ist schlecht. Die Gemeinde in der Welt ist in Ordnung; die Welt in der Gemeinde ist schlecht.

Das Überhandnehmen von Ehescheidung unter Christen ist überdies darauf zurückzuführen, daß viele eine, gelinde gesagt, unzureichende Vorbereitung auf die Ehe erhalten haben. Sie gehen in die Ehe und haben keine klare Vorstellung davon, worum es dabei geht und welche Verpflichtungen sie mit sich bringt. In vielen Fällen haben sie auch nicht die Unterweisung oder Erziehung genossen, die sie in die Lage versetzen würde, diesen Verpflichtungen gerecht zu werden. Als Konsequenz sitzt dieses Paar quasi mitten auf dem Meer in einem Boot und keiner von beiden kann rudern oder steuern.

Ich wünsche mir von Herzen und bete dafür, daß dieses Buch eine konstruktive Lösung für diese beiden Probleme anbieten kann – die Unwissenheit, worum es bei der Ehe geht und die mangelhafte Vorbereitung darauf.

Im Laufe der Jahrhunderte hat es die Gemeinde oft nicht geschafft, sich auf eine realistische Art und Weise mit dem Problem der Scheidung auseinanderzusetzen, oder sie hat Regeln aufgestellt, die unfair und noch dazu unbiblisch waren. Das ist wohl unter anderem auf das obligatorische Zölibat der Geistlichen zurückzuführen. Jene, die die Regeln aufstellten und dafür die Verantwortung trugen, wußten von vornherein, daß sie sich selbst nie würden daran halten müssen. Jesus hätte über solche Menschen wohl dasselbe gesagt, was er seinerzeit über die Pharisäer gesagt hatte: „Sie binden aber schwere Lasten und legen sie auf die Schultern der Menschen, sie selbst aber wollen sie nicht mit ihrem Finger bewegen" (Mt. 23,4).

Wie die Pharisäer erfanden auch die führenden Persönlichkeiten der Kirche Tricks und Schliche, wie sie ihre eigenen Regeln nach Lust und Laune umgehen konnten. Für die wohlhabenden oder einflußreichen Teile der Bevölkerung hatte eine „Annullierung" dieselben praktischen Konsequenzen wie eine Scheidung, verstieß jedoch nicht gegen den Buchstaben ihres Gesetzes.

Selbstverständlich war es nie Gottes Absicht gewesen, daß eine Ehe mit einer Scheidung enden sollte. Wenn man zurückverfolgt, wo die Scheidung eigentlich herkommt, stellt man fest, daß sie stets darauf zurückzuführen ist, daß der Mensch von den Wegen und Richtlinien Gottes abgewichen ist. Das ist jedoch keine Rechtfertigung dafür, geschiedene Menschen mit Willkür oder auf unbiblische Weise zu behandeln.

Gott hat nie gewollt, daß die Menschen einander berauben. Diebstahl ist wie Ehescheidung die Auswirkung von Sünde im Herzen der Menschen. Dennoch gibt es Diebstahl, und sowohl die Gemeinde als auch die Gesellschaft stellt sich zu ihrer Verpflichtung, mit diesem Problem auf gerechte und realistische Weise umzugehen. Kein vernünftiger Mensch würde so argumentieren: „Diebstahl ist etwas Schlimmes; also müssen wir beiden betroffenen Parteien die gesetzlich vorgegebene Strafe auferlegen: Wir werden sowohl den Dieb als auch den Bestohlenen einsperren." Das wäre ganz offensichtlich eine Verhöhnung der Gerechtigkeit!

Doch in der Frage der Ehescheidung hat die Gemeinde oft in dieser Weise argumentiert und sich geweigert, zwischen der unschuldigen und der schuldigen Seite zu unterscheiden. „Scheidung ist etwas Schlimmes", erklärte die Gemeinde, „deshalb werden wir beide Parteien in gleicher Weise bestrafen. Wir werden beiden Seiten eine erneute Heirat verbieten." Doch in Wirklichkeit hat man der unschuldigen Partei etwas geraubt, das viel kostbarer ist als materielle Besitztümer; die auferlegte Strafe trifft so einen Menschen viel härter als einige Monate Gefängnis.

Viele religiöse Menschen werden sich geneigt fühlen, den Begriff *„die unschuldige Partei"* in Frage zu stellen. Tragen bei einer Scheidung nicht beide Parteien die gleiche Schuld? Sollte man nicht beide Parteien gleich behandeln?

Dann wäre es genauso vernünftig, auch bei einem Diebstahl zu sagen, es wären doch beide Parteien schuldig und man solle sie doch gleich behandeln.

Wiederum fragt der eine oder andere: Gibt es irgendwelche Voraussetzungen, unter denen die Bibel Scheidung überhaupt gestattet? Wie aus der Pistole geschossen, lautet die Antwort klar und eindeutig: *Ja.* Zur Zeit Esras, als einige Juden gegen das mosaische Gesetz verstoßen hatten, indem sie Frauen von den umliegenden heidnischen Nationen geheiratet hatten, erlaubte es ihnen Esra nicht nur, sich scheiden zu lassen, vielmehr forderte er es von ihnen (vgl. Esra 9-10).

Um die biblische Sicht jener Fälle begreifen zu können, in denen ein Ehepartner aus dem Ehebund entlassen werden darf, ist es erforderlich, sich drei aufeinanderfolgende Phasen im Weg Gottes mit den Menschen zu betrachten: die Zeit vor dem mosaischen Gesetz; die Zeit während des mosaischen Gesetzes und die Zeit, die mit Jesus und dem Evangelium beginnt.

Die Zeit vor dem mosaischen Gesetz. Vor der Zeit Moses stand in Israel auf Ehebruch die Todesstrafe. An einer Begebenheit aus dem Leben Judas wird dies deutlich. Juda hatte einmal sexuelle Beziehungen zu einer Frau, die er für eine Prostituierte hielt, die jedoch in Wirklichkeit seine Schwiegertochter Tamar war. Tamar war zu jener Zeit die Verlobte Schelas, Judas jüngstem Sohn. Man erachtete eine Verlobung als genauso verbindlich wie die Ehe selbst; wurde die Verlobung gebrochen, ahndete man dies wie Ehebruch.

Drei Monate später stellte sich heraus, daß Tamar schwanger war. Juda reagierte darauf sofort mit den Worten: „Führt sie hinaus, sie soll verbrannt werden!" (1. Mos. 38,24). Als er feststellte, daß er selbst für Tamars Schwangerschaft verantwortlich war, forderte er nicht mehr die Todesstrafe für sie. Auf jeden Fall wird durch diesen Vorfall deutlich, daß damals die Todesstrafe die allgemein akzeptierte Strafe für Ehebruch war. Auf diese Weise wurde der unschuldige Teil einer Ehe durch die Todesstrafe für den schuldigen Teil einer Ehe automatisch freigestellt, um erneut zu heiraten.

Die Zeit während des mosaischen Gesetzes. Unter dem Gesetz des Mose war die Todesstrafe die obligatorische Strafe für Ehebruch, sei es für einen Mann oder eine Frau (vgl. 5. Mos. 22,22-24). Wiederum wurde der unschuldige Teil durch die Todesstrafe für den schuldigen Teil automatisch freigestellt, um noch einmal zu heiraten.

Oft werden Paulus' Worte aus Römer 7,2 zitiert: „Denn die verheiratete Frau ist durchs Gesetz an den Mann gebunden, solange er lebt ..." Jedoch wird meistens nicht dazugesagt, daß dasselbe Gesetz, das eine Frau ein Leben lang an ihren Mann band, den unschuldigen Teil automatisch für eine erneute Heirat freistellte, indem es den Teil, der sich des Ehebruchs schuldig gemacht hat (sei es Mann oder Frau), mit dem Tod bestrafte.

Darüber hinaus betont das Neue Testament immer wieder, daß man das mosaische Gesetz stets wie ein einziges, umfassendes System, in dem alle Anforderungen dieselbe Gültigkeit haben, betrachten und anwenden muß. Hierzu einige Zitate:

> Denn wer das ganze Gesetz hält, aber in einem strauchelt, ist aller Gebote schuldig geworden (Jak. 2,10).

> Denn es steht geschrieben: 'Verflucht ist jeder, der nicht bleibt in allem, was im Buch des Gesetzes geschrieben ist, um es zu tun!' (Gal. 3,10)

131

Es ist unlogisch und unbiblisch, einerseits die Forderung zu bekräftigen, das Gesetz binde die Frau ein Leben lang an ihren Mann, und andererseits die Forderung desselben Gesetzes zu leugnen, die sie durch die Todesstrafe automatisch freistellt, wenn ihr Ehemann Ehebruch begeht. **Die Zeit, die mit Jesus und dem Evangelium beginnt.** Im Neuen Testament wird Scheidung aufgrund von ehelicher Untreue von Jesus ausdrücklich gebilligt:

> Ich aber sage euch, daß jeder, der sich von seiner Frau scheidet, außer wegen ehelicher Untreue, sie dazu veranlaßt, Ehebruch zu begehen, und jeder, der eine Frau heiratet, die so geschieden ist, begeht Ehebruch (Mt. 5,32; wörtl. a. d. Engl.).

> Ich sage euch, daß jeder, der sich von seiner Frau scheidet, außer wegen ehelicher Untreue, und eine andere Frau heiratet, Ehebruch begeht (Mt. 19,9; wörtl. a. d. Engl.).

Das griechische Wort, das hier mit „eheliche Untreue" wiedergegeben wird, lautet *porneia*. Dieses Wort wurde traditionell, so z. B. in der englischen King James Version (und in den deutschen Übersetzungen von Schlachter, Menge und Albrecht; Anm. d. Übers.), mit „Unzucht" übersetzt, wodurch es auf die sexuelle Sünde von unverheirateten Personen beschränkt wurde. Doch überall im griechischen Neuen Testament bezeichnet man jede Form von unerlaubtem oder unnatürlichem Sex mit dem Wort *porneia*. Ich zitiere im folgenden, wie anerkannte Autoritäten das Wort *porneia* definieren:

> Es steht für Ehebruch oder schließt ihn mit ein.
> *Expository Dictionary of New Testament Words*
> von W. E. Vine

> Prostitution, Unkeuschheit ... jede Art von gesetzeswidrigem Geschlechtsverkehr ... Ehebruch erscheint als Unzucht ... Die sexuelle Untreue einer verheirateten Frau ...
> *A Greek-English Lexicon of the New Testament*
> von Arndt & Gingrich

Verbotener Geschlechtsverkehr im allgemeinen ...

Thayer's Greek-English Lexicon

Im Neuen Testament taucht *porneia* und das ihm verwandte Verb *porneuo* unter anderem in folgenden Passagen auf, in denen es um mehr geht als um sexuelle Sünde von Unverheirateten. In Apostelgeschichte 15,20.29 werden nichtjüdische Christen ermahnt, sich von *porneia* fernzuhalten; das bezieht sich eindeutig nicht nur auf sexuelle Sünde von Unverheirateten. In 1. Korinther 5,1 beschreibt Paulus das Zusammenleben eines Mannes mit der Ehefrau seines Vaters als *porneia*. Hier umfaßt dieses Wort sowohl Inzest als auch Ehebruch. In 1. Korinther 5,9-11 weist Paulus die Gläubigen an, keinen Umgang mit bekennenden Christen zu haben, die sich der *porneia* schuldig gemacht haben. Offensichtlich beschränkt er dies nicht auf Unverheiratete. Paulus verwendet *porneia* und *porneuo* in ähnlicher Weise in 1. Korinther 10,8 und 2. Korinther 12,21.

Judas bezeichnet im siebten Vers seines Briefes das sexuelle Fehlverhalten von Sodom und Gomorra als *porneia*. Die Hauptsünde dieser Städte war die Homosexualität, und nichts läßt den Schluß zu, dies beziehe sich ausschließlich auf Unverheiratete.

Somit wird deutlich, daß das Wort *porneia* Unzucht, Homosexualität, Sodomie, Inzest und Ehebruch umfaßt und daß Jesus Scheidung (wo sie angemessen ist) billigte, wenn sie aus einem oder all diesen Gründen vollzogen wird.

Also kommen sowohl das Gesetz als auch das Evangelium bezüglich *porneia* zu demselben Schluß: Sie entbindet den unschuldigen Ehepartner seiner oder ihrer ehelichen Pflichten.

Es gibt jedoch einen Unterschied: Im Einflußbereich des Gesetzes erfolgt diese Freistellung durch die obligatorische Todesstrafe für den schuldigen Partner. Im Einflußbereich des Evangeliums hat der unschuldige Partner die Freiheit, entweder die ihm in Form der Scheidung angebotene Freistellung in Anspruch zu nehmen, oder dem schuldigen Partner eine Alternative anzubieten, nämlich Vergebung und Versöhnung, vorausgesetzt, daß jener einen zufriedenstellenden Beweis seiner Umkehr liefert.

Hat nun eine Person, die in Übereinstimmung mit den biblischen Richtlinien eine Scheidung erreicht hat, die Freiheit, noch einmal zu heiraten? Weder der Sprachgebrauch noch die kulturellen Gepflogenheiten der Bibel lassen den Schluß zu, eine Person habe zwar vom Rechtlichen her die Freiheit, sich scheiden zu lassen, jedoch nicht, noch einmal zu heiraten. Ganz im Gegenteil: im Alten und im Neuen Testament ist ausdrücklich die Rede von der Freiheit, noch einmal zu heiraten.

Im Rahmen des Geltungsbereichs des Gesetzes sagt Mose, wenn sich ein Mann auf legale Art und Weise von seiner Frau scheiden lasse und sie entlasse, habe sie die Freiheit, „die Frau eines anderen Mannes" zu werden (5. Mos. 24,1-2). Mose ist offensichtlich keiner, der Ehebruch dulden würde.

In 5. Mose 24,3-4 sagt Mose, dem ersten Ehemann einer Frau sei es nicht gestattet, sie noch einmal zu heiraten, wenn sich ihr zweiter Ehemann von ihr scheiden läßt oder stirbt. Indem Mose den Mann, mit dem sie zuvor verheiratet war, als ihren „ersten" Ehemann bezeichnet, sagt er klar und deutlich, daß die erste Ehe auf legale Art und Weise aufgelöst worden war.

Im Neuen Testament sagt Paulus: „Bist du an eine Frau gebunden, so suche nicht los zu werden; bist du frei von einer Frau, so suche keine Frau. Wenn du aber doch heiratest, so sündigst du nicht ..." (1. Kor. 7,27-28).

Dies läßt den Schluß zu, daß eine Person, die (in Übereinstimmung mit den biblischen Richtlinien) von einem Ehepartner getrennt wurde und später noch einmal heiratet, *nicht sündigt*. Deshalb sollte eine Person, die auf einer legitimen und biblischen Grundlage eine Scheidung erwirkt und später von ihrem Recht zur erneuten Heirat Gebrauch macht, nicht als „schuldig" oder „minderwertig" gebrandmarkt werden. Sie ist kein „zweitklassiger" Christ.

Auf der menschlichen Ebene wird das Thema Scheidung normalerweise vor einem kirchlichen oder säkularen Gericht geregelt. Doch über diesen menschlichen Entscheidungen stehen unveränderliche göttliche Rechtsprinzipien. Ein solches Prinzip zieht sich wie ein roter Faden durch die ganze Bibel: *Weder darf der Unschuldige wie ein Schuldiger, noch der Schuldige wie ein Unschuldiger behandelt werden.*

In 5. Mose 25,1 faßt Mose die doppelte Verantwortung eines Richters kurz und prägnant zusammen: Unschuldige freisprechen und Schuldige verurteilen. In Sprüche 17,15 weist Salomo darauf hin, daß jede Abweichung von diesem Prinzip Gott aufs äußerste mißfällt: „Wer den Schuldigen freispricht und wer den Unschuldigen verurteilt, die sind alle beide dem Herrn ein Greuel" (Menge). Im Rahmen einer Auflistung jener, die sich Gottes Zorn zuziehen, findet Jesaja ähnliche Worte: „Wehe denen, die ... den Schuldigen gerechtsprechen und dem Unschuldigen sein Recht vorenthalten" (Jes. 5,22-23; Menge). Wie man dieses Prinzip in der Frage der Ehescheidung anwendet, liegt auf der Hand: einen Ehepartner, der sich der *porneia* schuldig gemacht hat, genauso zu bestrafen wie den, der sich nicht schuldig gemacht hat, ist eine Pervertierung dessen, was Gerechtigkeit wirklich ist.

Manchmal hört man das Argument, zu einer kaputten Ehe gehören immer zwei und es sei nicht möglich, herauszufinden, wer nun der Schuldige ist. Doch damit verschleiert man, worum es hier eigentlich geht. Es geht nicht darum, ob beide Seiten selbstsüchtig, unsensibel oder streitsüchtig waren. Vielmehr lautet die entscheidende Frage: Hat ein Partner *porneia* verübt und der andere nicht? Heute ist es oft so, daß ein Partner seine oder ihre Schuld unverhohlen zugibt.

Zumindest hielt Gott den Fall für wahrscheinlich, daß ein Partner sich als objektiv schuldig und der andere sich im Ausschlußverfahren als unschuldig erweisen würde, denn unter dem mosaischen Gesetz verfügte er die Tötung des überführten Ehebrechers oder der überführten Ehebrecherin.

In gewisser Hinsicht ist die Ehe ein Vertrag, der auf einer rechtlichen Grundlage und durch ein Versprechen geschlossen wird. Das Versprechen legt den Geltungsbereich und die Geltungsdauer dieses Vertrags fest. Das Eheversprechen, das man sich heute (im englischen Sprachraum; Anm.d.Übers.) gibt, lautet in etwa folgendermaßen: „Ich verspreche dir die Ehe ... und halte mich allein an dich (d. h. in Bezug auf die Sexualität) ... bis daß der Tod uns scheidet."

Dieses Versprechen beinhaltet zwei Elemente: Zweck („... und halte mich allein an dich") und Zeit („... bis daß der Tod uns scheidet"). Diese zwei Komponenten bilden eine Einheit und können nicht unabhängig voneinander geltend gemacht werden. Wenn nun ein Partner durch *porneia* den Teil des Versprechens bricht, der sich auf den Zweck bezieht, dann wird der andere Partner automatisch aus der zeitlichen Verpflichtung herausgelöst.

Zur Verdeutlichung ein einfacher Vergleich: Smith verpachtet Räumlichkeiten an Brown; der Pachtvertrag hat eine Laufzeit von fünf Jahren und gilt von 1986 bis 1991. Smith schreibt jedoch in einer Klausel zum Verwendungszweck der Räumlichkeiten: Brown darf darin kein Spirituosengeschäft eröffnen. Wenn Brown sich daran hält und in den Räumlichkeiten kein Spirituosengeschäft eröffnet, dann muß sich Smith auch an die Laufzeit halten; vor 1991 kann er den Pachtvertrag nicht aufkündigen. Doch wenn Brown sich über diese Klausel hinwegsetzt und aus den Räumlichkeiten ein Spirituosengeschäft macht, dann wird Smith automatisch seiner zeitlichen Verpflichtung entbunden und kann den Pachtvertrag augenblicklich kündigen.

Zurück zu unserem Fall: Wenn ein Ehepartner die „Zweckklausel" durch *porneia* bricht, wird der andere dadurch der „Zeitklausel" – „... bis daß der Tod uns scheidet" – entbunden.

Die Anweisungen des Neuen Testaments zu diesem Themenkreis beinhalten noch einen weiteren Fall, in dem ein Christ aus dem Ehebund entlassen werden kann. Paulus beschreibt diese Situation in 1. Korinther 7,10-15:

> Den Verheirateten aber gebiete nicht ich, sondern der Herr, daß eine Frau sich nicht vom Mann scheiden lassen soll – wenn sie aber doch geschieden ist, so bleibe sie unverheiratet oder versöhne sich mit dem Mann – und daß ein Mann seine Frau nicht entlasse.

> Den übrigen aber sage ich, nicht der Herr: Wenn ein Bruder eine ungläubige Frau hat und sie willigt ein, bei ihm zu wohnen, so entlasse er sie nicht. Und eine Frau, die einen ungläubigen Mann hat, und er willigt ein, bei ihr zu wohnen, entlasse den Mann nicht. Denn der ungläubige Mann ist durch die Frau geheiligt und die ungläubige Frau ist durch den Bruder geheiligt;

sonst wären ja eure Kinder unrein, nun aber sind sie heilig.

Wenn aber der Ungläubige sich scheidet, so scheide er sich. Der Bruder oder die Schwester ist in solchen Fällen nicht (gebunden) ...

In den Versen 10 und 11 spricht Paulus von zwei Gläubigen, die miteinander verheiratet sind. Durch seinen Einschub „nicht ich, sondern der Herr" weist er darauf hin, daß Jesus im Rahmen seiner Lehre, die in den Evangelien festgehalten wurde, auf diesen Fall bereits eingegangen ist. Die Position ist eindeutig und läßt keinen Zweifel offen: keine Partei hat die Freiheit, sich von der anderen scheiden zu lassen, außer im Fall von ehelicher Untreue (da Jesus selbst von dieser Ausnahme sprach und sie in den Evangelien festgehalten wurde, mußte Paulus sie hier nicht mehr wiederholen). Wenn sie sich dennoch scheiden lassen, sind sie dazu verpflichtet, ledig zu bleiben oder noch einmal denselben Partner zu heiraten.

In den Versen 12-15 geht Paulus auf den Fall eines Gläubigen ein, der mit einem Ungläubigen verheiratet ist. Durch seinen Einschub „ich, nicht der Herr" macht Paulus darauf aufmerksam, daß Jesus diesen Fall in den Evangelien noch nicht behandelt hat. Zunächst einmal erlegt Paulus der gläubigen Partei die Verpflichtung auf, danach zu trachten, den ehelichen Frieden zu erhalten und den ungläubigen Partner für Christus zu gewinnen. Doch wenn die ungläubige Partei diesen Versuch zurückweist und sich weigert, die Ehe fortzusetzen und den Gläubigen verläßt, dann ist der Gläubige aus dem Ehebund entlassen und hat somit auch die Freiheit, noch einmal zu heiraten. Es gibt jedoch zwei Bedingungen, die nach wie vor erfüllt werden müssen. Erstens: Allen Anforderungen des weltlichen Gesetzes muß Genüge getan werden; zweitens: Der neue Partner muß an Christus glauben.

Wir haben somit zwei Fälle behandelt, auf die auch im Neuen Testament ausdrücklich hingewiesen wird: Ein Ehepartner macht sich der ehelichen Untreue schuldig; ein Gläubiger wird von einem Ungläubigen wegen seines Glaubens an Christus verlassen. Wenn in diesen beiden Fällen alle notwendigen Anforderungen erfüllt worden sind, hat der Gläubige das Recht, sich scheiden zu lassen und folglich auch, erneut zu heiraten.

Allen Lesern, die sich eine detailliertere Abhandlung zum Thema „Scheidung und erneute Heirat im Licht der Bibel" wünschen, möchte ich das Buch *Divorce and Remarriage* von Guy Duty (verlegt bei Bethany Fellowship, Minneapolis, 1967) empfehlen. Der Autor, der bis zu seinem Tod im Jahre 1977 bei den American Assemblies of God im geistlichen Dienst stand, behandelt jeden Aspekt dieses Themas sowohl in logischer als auch in rechtlicher Hinsicht exakt und läßt keine Fragen unbeantwortet.

Es gibt jedoch auch andere Fälle aus dem Themenkreis Ehescheidung, die im Neuen Testament nicht ausdrücklich erwähnt werden. Einerseits ist es unrealistisch, diese Fälle ganz außer acht zu lassen, andererseits ist es nicht weise, in Punkten dogmatisch zu sein, in denen sich die Bibel nicht klar äußert. Wer im geistlichen Dienst steht und einen aufrechten Weg geht, der ist vielleicht am besten beraten, wie Paulus zu sagen: „Ich (habe) kein Gebot des Herrn, spreche aber meine eigene Ansicht aus als einer, der Barmherzigkeit vom Herrn erfahren hat, so daß ich Vertrauen verdiene" (1. Kor. 7,25; Menge).

Was ist nun mit jenen Leuten, deren Ehe in die Brüche ging oder die sich scheiden ließen und später dann in Christus das Heil finden? Wie sieht Gott sie?

Gott sei Dank ist die Aussage der Bibel zum Thema Vergebung über jeden Zweifel erhaben. So sagt Jesus z. B. in Matthäus 12,31: „Deshalb sage ich euch: Jede Sünde und Lästerung wird den Menschen vergeben werden; aber die Lästerung des Geistes wird den Menschen nicht vergeben werden." „Jede Sünde" umfaßt Ehebruch wie auch alle anderen sexuellen Verirrungen. Die einzige Ausnahme ist die Lästerung des Heiligen Geistes.

Paulus sagt vor einer jüdischen Zuhörerschaft in Apostelgeschichte 13,39: „... und von allem, wovon ihr durch das Gesetz Moses nicht gerechtfertigt werden konntet, wird durch diesen (Jesus) jeder Glaubende gerechtfertigt." Beachten Sie, wie absolut diese Aussage ist: *Jeder* wird von *allem* gerechtfertigt. Dazu gehören auch Ehebruch und alle Arten der sexuellen Sünde.

Paulus schreibt nochmal an die Gläubigen in Korinth:

Keiner, der unzüchtig lebt, keiner, dem irgend etwas wichtiger ist als Gott, kein Ehebrecher, kein Mensch, der sich von seinen Begierden treiben läßt und homosexuell verkehrt, wird einen Platz in Gottes Reich haben; auch kein Dieb, kein Ausbeuter, kein Trinker, kein Verleumder oder Räuber. Und all das sind einige von euch gewesen. Aber ihr seid abgewaschen, aber ihr seid geheiligt, aber ihr seid gerechtfertigt worden durch den Namen des Herrn Jesus und durch den Geist unseres Gottes (1. Kor. 6,9-11; V.9-10: Hoffnung für alle).

In dieser abscheulichen Auflistung von Übeltätern erscheinen auch Ehebrecher und Menschen, die sexuellen Perversionen nachgehen. Durch den Glauben an Christus erlangen sie nicht nur Vergebung; sie sind gerechtfertigt, freigesprochen und werden mit Gottes eigener Gerechtigkeit für gerecht erachtet. In den Augen Gottes stehen sie so da, als ob sie nie gesündigt hätten. Dadurch wird es ihnen selbstverständlich möglich, in jedem Lebensbereich, also auch in Bezug auf die Ehe, einen kompletten Neuanfang zu machen. Kein finsterer Schatten aus ihrer Vergangenheit, weder Schuld noch Selbstverdammnis können ihnen in das neue Leben folgen.

Wer das Recht dieser bußfertigen Gläubigen auf einen totalen Neuanfang in Abrede stellt, läuft Gefahr, sich dadurch über die Warnung an Petrus in Apostelgeschichte 10,15 hinwegzusetzen: „Was Gott gereinigt hat, das erkläre du nicht für unrein!" (Menge)

Christen werden so oft mit allen möglichen komplizierten Fällen zum Thema Scheidung konfrontiert, daß es unmöglich ist, sie alle detailliert zu untersuchen. Ich möchte im Folgenden nur drei Beispiele anführen.

Fall Nr. 1: Zwei nicht bekehrte Geschiedene heiraten, bekommen Kinder und bekehren sich dann. Ist es nun recht, zu ihnen zu sagen: „Ihr lebt in Ehebruch. Ihr müßt eure Ehe auflösen, und jeder von euch soll zu seinem früheren Partner zurückgehen oder ledig bleiben." Was würde dann mit den Kindern geschehen?

139

Wäre es nicht eher in Übereinstimmung mit dem Geist des Evangeliums zu sagen: „Gott hat euch einen Neuanfang geschenkt. Tut euer Bestes, um die vergeudeten Jahre wettzumachen und hütet euch davor, wieder in euer altes Leben zurückzukehren."

Fall Nr. 2: Zwei Nichtchristen heiraten und lassen sich wieder scheiden, jedoch nicht aufgrund von ehelicher Untreue. Nach einer Weile heiratet der Mann noch einmal und begeht so aus der Sicht der Bibel Ehebruch. Später bekehrt sich die Frau. Hat sie nun auf der Grundlage dessen, daß ihr Exehemann Ehebruch begangen hat, die Freiheit, noch einmal zu heiraten?

Fall Nr. 3: Zwei Nichtchristen heiraten und lassen sich wieder scheiden (wie in Fall Nr.2). Nach ihrer Scheidung verlieren sie sich aus den Augen. Die Frau weiß nicht, ob der Mann noch einmal geheiratet hat oder mit einer Frau zusammenlebt, mit der er nicht verheiratet ist. Dann bekehrt sich die Frau. Hat sie nun die Freiheit, noch einmal zu heiraten? Oder muß sie zuerst beweisen, daß ihr Exehemann Ehebruch begangen hat? Was ist nun, wenn es ihr nicht gelingt, ihn ausfindig zu machen?

Müssen wir nicht alle äußerst vorsichtig mit unserem Urteil über diese und ähnlich gelagerte Fälle umgehen?! Auf jeden Fall lesen wir in Jakobus 2,12-13, welches Motto uns dabei leiten sollte: „Redet so und handelt so wie solche, die durch das Gesetz der Freiheit gerichtet werden sollen. Denn das Gericht wird ohne Barmherzigkeit sein gegen den, der nicht Barmherzigkeit geübt hat. Die Barmherzigkeit triumphiert über das Gericht."

Was eben dargestellt wurde, geht, wenn auch nur kurz, auf einige der wichtigsten rechtlichen Aspekte der Ehescheidung ein, die für Christen relevant sind. Jedoch die Auswirkungen von Scheidungen gehen weit über den rein rechtlichen Bereich hinaus. Fast ausnahmslos bringen sie tiefe, ja qualvolle emotionale Wunden mit sich.

In Jesaja 54,6 zeichnet der Herr das Bild einer jungen Frau, die eine Scheidung hinter sich hat: verlassen und zutiefst bekümmert, eine Frau, die jung geheiratet hat und nun verstoßen wird. Dieses Leid trifft jedoch nicht nur Frauen, die eine Scheidung hinter sich haben. Männer leiden oft genauso darunter wie Frauen.

In der Jesajastelle definiert der Herr exakt, um welche Wunde es sich handelt: *Ablehnung.* Doch in seiner großartigen Gnade bietet Gott ein Heilmittel für diese Wunde an – das Opfer Jesu am Kreuz, wo Jesus stellvertretend für uns all das Böse ertrug, das die Menschheit durch Rebellion auf sich geladen hatte. Das Höchstmaß an Qual, die Ursache für seinen Tod, war Ablehnung.

Der Prophet Jesaja stellt Jesus als „verachtet und von den Menschen verlassen", als „Mann der Schmerzen und mit Leiden vertraut" dar (vgl. Jes. 53,3). Doch am schlimmsten war für ihn nicht, daß die Menschen ihn ablehnten, sondern daß Gott, sein Vater, ihn ablehnte. Er ertrug diese Pein, weil er sich mit der Sünde der Menschheit identifizierte. Gottes Gerechtigkeit forderte als Konsequenz, daß er sich von seinem eigenen Sohn abwenden und seine Ohren vor dessen schmerzerfülltem Schrei verschließen mußte.

Diese grenzenlose Ablehnung durch den Vater wird in Matthäus 27,46 beschrieben: „Um die neunte Stunde aber schrie Jesus mit lauter Stimme auf und sagte: *Eli, Eli, lema sabachthani?* Das heißt: Mein Gott, mein Gott, warum hast du mich verlassen?" Zum ersten Mal überhaupt in der Geschichte des Universums reagierte der Vater nicht auf den Schrei seines Sohnes. Jesus starb kurz darauf, in erster Linie aufgrund der Qual des Abgelehntseins und nicht aufgrund der körperlichen Auswirkungen der Kreuzigung, die keinen so schnellen Tod hätten herbeiführen können. Etwas später wunderte sich Pilatus, der nicht begriff, welche Auswirkung die Ablehnung hatte, daß Jesus „schon" gestorben war (vgl. Mk. 15,44).

Wir lesen im Matthäusevangelium, was geschah, nachdem Jesus in seiner Qual zum Vater geschrien hatte: „Jesus aber schrie wieder mit lauter Stimme und gab den Geist auf" (V.50).

Die Leiden Jesu waren der Preis für die Heilung der Menschen. „Durch seine Wunden sind wir geheilt" (Jes. 53,5; LÜ). Das schließt die Heilung der Wunde der Ablehnung mit ein. Jesus ertrug an unserer Stelle die Ablehnung, damit wir davon geheilt werden können.

Wenn Ihnen durch das Scheitern einer Ehe die Wunde der Ablehnung geschlagen wurde, möchte ich Ihnen drei einfache Schritte aufzeigen, wie sie Heilung empfangen können.

141

Erstens: Stehen Sie zu Ihrem Schmerz. Versuchen Sie nicht, die Wunde zu vertuschen. Seien Sie vielmehr bereit, sie vor den gütigen Augen Ihres himmlischen Vaters zu offenbaren.

Zweitens: Investieren Sie Ihren Glauben für die Heilung einzig und allein in das stellvertretende Opfer Jesu. Wenden Sie die Worte aus Jesaja für Ihr eigenes Leben an: „Durch seine Wunden bin ich geheilt." Wiederholen Sie diesen Satz jedesmal, wenn der Schmerz in Ihnen hochkommt: „Durch seine Wunden bin ich geheilt." Sagen Sie diesen Satz immer wieder, bis die Heilung für Sie realer wird als der Schmerz.

Drittens: Lassen Sie all Ihre Bitterkeit und Ihren Groll auf Ihren früheren Partner los. Der anderen Seite zu vergeben ist eine Entscheidung und hat nichts mit Gefühlen zu tun. Sie müssen es nicht *fühlen*, sondern *wollen*. Bitten Sie den Heiligen Geist, er möchte Ihnen helfen, diese Entscheidung, dem anderen zu vergeben, treffen und später dann auch aufrechterhalten zu können. Vergessen Sie nicht: die Vergebung, die Sie von Gott erlangen, entspricht der Vergebung, die Sie anderen zuteil werden lassen (vgl. Mt. 6,14-15).

Als Seelsorger betreute ich einmal eine Frau, die von ihrem Mann fünfzehn Jahre lang wie ein Mensch zweiter Klasse behandelt wurde; später verließ er sie und die Kinder. Ich forderte sie auf, ihm zu vergeben.

„Er hat fünfzehn Jahre meines Lebens ruiniert", schrie sie entrüstet auf, „und Sie möchten, daß ich ihm vergebe?"

„Nun, wenn Sie möchten, daß er auch noch den Rest Ihres Lebens ruiniert", erwiderte ich, „dann hassen Sie ihn einfach weiter." Ich erinnerte Sie daran, daß derjenige, der Groll in seinem Herzen hat, mehr leidet, als derjenige, gegen den sich dieser Groll richtet.

Vor diesem Hintergrund betrachtet, ist es weder sentimental noch übergeistlich, wenn Sie demjenigen vergeben, der Sie verletzt hat; es ist schlicht und ergreifend ein Zeichen dafür, daß Sie begriffen haben, worum es geht und sich selbst etwas Gutes tun wollen.

Wenn Sie diese Schritte gegangen sind, dann kehren Sie dem Schmerz der Vergangenheit den Rücken zu. Geben Sie Ihr Leben und Ihre Zukunft ganz neu dem Herrn hin. Er hat einen Plan für Ihr Leben, der von der Böswilligkeit von Menschen oder Dämonen nicht vereitelt werden kann. Folgen Sie dem Vorbild des Paulus: „Ich vergesse, was hinter mir liegt, und strecke mich nach dem aus, was vor mir liegt, und jage, das vorgesteckte Ziel im Auge, nach dem Siegespreis, den die in Christus Jesus ergangene himmlische Berufung Gottes in Aussicht stellt" (Phil. 3,13-14; Menge).

Ich kann Ihnen versichern, daß ich selbst schon viele Geschiedene betreut habe, die durch Befolgung dieser Schritte Heilung ihrer Wunden und einen neuen Glauben für ein fruchtbares und erfülltes Leben empfangen haben.

11

Ein Leben in Ehelosigkeit?

Die Ehe ist der normale Weg für einen Mann und eine Frau. Dennoch führt Gott nicht alle seine Kinder auf diesem „normalen" Weg. Für einen engagierten Christen ist das höchste Ziel auf Erden ohnehin nicht die Ehe, sondern den Willen Gottes zu tun. Jesus gab in Johannes 4,34 dieses Muster ein für allemal vor: „Meine Speise ist, daß ich den Willen dessen tue, der mich gesandt hat, und sein Werk vollbringe." Während seines Lebens hier auf Erden war für Jesus selbst die Ehe auch nicht Bestandteil des Willens Gottes. Vielmehr freut er sich auf den Tag, an dem er die Hochzeit mit seiner Braut, der Gemeinde, feiern wird!

Als Christen müssen wir uns immer wieder vor Augen stellen, daß wir Perfektion im eigentlichen Sinn des Wortes nicht im Laufe unseres Lebens auf Erden erreichen werden. Wir können es uns nicht leisten, Vorlieben für rein zeitliche Dinge zu pflegen. Der Apostel Johannes warnt uns davor: „Und die Welt vergeht und ihre Lust; wer aber den Willen Gottes tut, bleibt in Ewigkeit" (1. Joh. 2,17). Dauerhafte Zufriedenheit und Erfüllung im Leben können nur auf einem sicheren und unwandelbaren Fundament ruhen, nämlich den Willen Gottes zu erkennen und zu tun.

Nehmen wir einmal an, Gott hätte in seinem Plan für Ihr Leben die Ehe nicht vorgesehen. Nehmen wir einmal an, er würde Sie bitten, wie Jesus auf die Hochzeit des Lammes zu warten. Was würden Sie dann tun?

Vielleicht haben Sie sich bisher noch nie ernsthaft mit dieser Frage befaßt. Vermutlich haben Sie sich die Ehe als Ziel gesetzt und sind darauf losmarschiert, doch bislang ohne Erfolg. Sie sagen nun: „Immer und immer wieder habe ich für einen Mann (oder eine Frau) gebetet, doch Gott hat nicht reagiert." Haben Sie vergessen, daß *nein* auch eine Antwort ist?

Wenn Sie sich diesem Thema stellen, ist es absolut erforderlich, daß Sie Ihre eigenen Vorstellungen und Pläne beiseite legen und vor Gott Ihr Herz öffnen. Wenn Gott gerne mit uns sprechen möchte, sind wir oft nicht bereit zu hören, was er zu sagen hat. Deshalb fordert er uns mit den Worten aus Psalm 46,10 heraus:

„Seid stille und erkennet, daß ich Gott bin" (LÜ). Darauf müssen wir mit den Worten aus Psalm 85,8 reagieren: „Hören will ich, was Gott, was der Herr reden wird ..." Um an diesen Ort der inneren Ruhe, an dem Sie Gott hören können, zu gelangen, werden Sie Zeit investieren, Opfer bringen und Selbstdisziplin üben müssen. Womöglich heißt das für Sie, weniger Zeit vor dem Fernseher zu verbringen oder weniger mit Freunden zu telefonieren oder weniger oft gesellschaftliche Verpflichtungen wahrzunehmen. Vielleicht müssen Sie Ihre Zeitung oder Zeitschrift beiseite legen und Stunden allein mit der Bibel verbringen. Was auch immer es kostet – es gibt keinen Ersatz für das Hören der Stimme Gottes. Der Preis scheint hoch zu sein, doch der Lohn übersteigt bei weitem die Kosten!

Es gibt eine Sache, derer Sie sich sicher sein können: Wenn es Gottes Absicht ist, daß Sie ledig bleiben, dann werden Sie nie echten Frieden oder Zufriedenheit finden, solange Sie sich bemühen, das Ziel Ehe zu erreichen. Sollten Sie schließlich doch heiraten, werden Sie unter diesen Voraussetzungen nicht in der Lage sein, die Frustration zu bewältigen, die Ihnen in den Knochen steckt. Ja, vielleicht wird sie sogar noch stärker werden und schließlich auch Ihren nicht gerade beneidenswerten Partner in diesen Strudel hineinziehen.

Es kann sein, daß Sie Gott mit aufrichtigem Herzen zum Thema Ehe gesucht haben, er Ihnen jedoch weder ein klares Ja noch ein klares Nein dazu gegeben hat. Er hat Ihnen zwar keinen Partner geschenkt, aber er hat Ihnen auch nicht gezeigt, daß Sie seinem Willen nach ledig bleiben sollen. Wenn dem so ist, tun Sie gut daran, den Rat Davids aus Psalm 37,7-8 befolgen: „Sei stille dem Herrn und harre auf ihn ... entrüste dich nicht: es führt nur zum Bösestun!" (Menge) Dienen Sie Gott mit ganzem Herzen in Ihrer momentanen Situation und überlassen Sie ihm die Zukunft. Ihre Haltung des stillen Vertrauens wird Ihnen Ihre Offenheit bewahren, damit Sie für jede Wegweisung empfänglich sind, die Ihnen der Herr für Ihr weiteres Leben geben möchte.

Es ist wichtig für jeden unverheirateten Christen, sich die Frage zu stellen, ob es Gottes Wille sein könnte, ehelos zu bleiben. Jemand, der diese Frage zu seiner Zufriedenheit beantwortet hat, erlangt einen inneren Frieden, der es ihm leichter macht, Gottes Willen auch in anderen Bereichen zu erkennen. Andererseits kann ein Mensch, der ständig krampfhaft an die Ehe denkt, Gottes Führung in einem anderen Bereich verpassen und demzufolge einen falschen Kurs für sein weiteres Leben einschlagen.

Was sind nun die wichtigsten Gründe, weshalb ein Christ vielleicht ledig bleiben soll? Man könnte sie in zwei Kategorien einteilen: natürliche und geistliche Gründe. In den meisten Fällen gelten die natürlichen Gründe gleichermaßen für Christen und Nichtchristen. Sie hängen mit der Entwicklung des Lebens oder der Lebensumstände einer Person zusammen, ohne daß Gott daran direkt Anteil gehabt hätte. Geistliche Gründe beziehen sich jedoch auf die besondere Berufung oder den speziellen Dienstbereich eines Christen.

Die natürlichen Gründe für die Ehelosigkeit könnte man wiederum in drei Gruppen aufgliedern: körperliche, psychologische und soziologische Gründe. Körperliche Gründe beziehen sich auf die Entwicklung des Körpers eines Menschen. Psychologische Gründe beziehen sich auf die Entwicklung des Denkens und der Emotionen eines Menschen. Soziologische Gründe beziehen sich auf das soziale Umfeld eines Menschen. Da ich kein Lehrbuch über Medizin, Psychologie oder Soziologie schreibe, werde ich auch nicht versuchen, alle eventuell auftretenden Probleme in diesen Bereichen zu analysieren.

Dennoch täten Christen, die mit persönlichen Problemen in einem dieser Bereiche kämpfen, gut daran, darüber zu beten, ob sie nicht den Rat eines Fachmanns einholen sollten. Dieser Fachmann sollte nach Möglichkeit ein engagierter Christ oder zumindest der traditionellen jüdisch-christlichen Ethik wohlgesonnen sein.

Für unsere Zwecke reicht es, einige typische natürliche Gründe für die Ehelosigkeit anzuschneiden. Offensichtliche Beispiele im körperlichen Bereich wären Menschen, die schwere angeborene Krankheiten haben, wie z. B. Mongolismus oder eine zerebrale Lähmung oder Menschen, die z. B. aufgrund eines Unfalls querschnittsgelähmt sind. Überdies wären hier Personen zu nennen, deren Geschlechtsorgane sich nicht oder nicht normal entwickelt haben. In vielen dieser Fälle, jedoch selbstverständlich nicht in allen, kann der Herr signalisieren, daß es für so einen Menschen besser wäre, nicht zu heiraten.

In den Bereich der psychologischen Probleme fallen Leute, die vom Volksmund „einfältig" genannt werden (einige von ihnen könnte man vielleicht auch als „geistig zurückgeblieben" bezeichnen). In fast jeder größeren christlichen Gemeinde findet man einen oder mehrere solcher Menschen. Oftmals gehören sie mit zu den glücklichsten und liebenswertesten Gemeindemitgliedern. Es wären in diesem Zusammenhang auch jene zu nennen, die man vom Medizinischen her als schizophren oder gar psychotisch bezeichnen würde. Aus den Tiefen ihres Kampfes heraus glänzen sie oft mit Einsichten und mit einer Hingabe, die einem Heiligen alle Ehre machen würden. Dennoch scheint es oft der Plan des Herrn für diese und andere solcher Menschen zu sein, daß sie nicht heiraten.

Vom soziologischen Standpunkt her gibt es verschiedene Situationen, die die Ehelosigkeit rechtfertigen würden. Ich möchte einen solchen Fall aus Ruths Familie herausgreifen: Ihre Großmutter starb schon sehr früh und hinterließ sechs Kinder. Caroline, das jüngste von ihnen, war damals sechs Jahre alt. Einige Jahre später heiratete Carolines Vater noch einmal. Sie blieb zu Hause, um sich um ihn und ihre Stiefmutter zu kümmern. Als Caroline 40 war, starb ihr Vater, und ihre Stiefmutter war aufgrund einer Arthritis an den Rollstuhl gebunden. Caroline hatte den Eindruck, es sei ihre Pflicht, sich auch weiterhin um ihre Stiefmutter zu kümmern, die dann fast zwanzig Jahre später auch starb. Caroline blieb den Rest ihres Lebens ledig und hatte treu ihre biblische Verpflichtung gegenüber ihren Eltern erfüllt.

Darüber hinaus gibt es in verschiedenen Teilen der Erde Gemeinden, in denen es weniger christliche Männer gibt, die für eine Heirat in Frage kommen, als engagierte christliche Frauen derselben Altersgruppe. In einer solchen Situation sind viele christliche Frauen womöglich gut beraten, sich für das Ledigsein zu entscheiden und sich von ganzem Herzen dem Herrn hinzugeben, als mit einem ungleichen Partner, nämlich einem Mann, der nicht wirklich geistlich hingegeben ist, am selben Joch zu ziehen. Solche engagierten, ledigen Frauen sind in vielen Gemeinden eine Quelle großer geistlicher Kraft.

Jemand fragt sich vielleicht: „Kann Gott Menschen, die die oben genannten körperlichen oder psychischen Probleme haben, nicht durch ein Wunder heilen?" Natürlich kann er das. Ich habe wirklich schon sehr oft erlebt, wie Menschen von der Kraft Gottes angerührt und verändert wurden, unter anderem eben auch Menschen, die mongoloid, gelähmt, schizophren oder psychotisch waren oder an zerebraler Lähmung litten.

Gleichzeitig muß ich jedoch zugeben, daß ich es noch öfter erlebt habe, daß solche Menschen *nicht* geheilt wurden. Bei denen, die geheilt wurden, sprach man dieselben Gebete wie bei denen, die nicht geheilt wurden. Es gab auch keinen Grund zur Annahme, die Leute, die geheilt wurden, seien irgendwie geistlicher oder hingegebener gewesen als jene, die nicht geheilt wurden.

Welche Erklärung gibt es dafür? Ich für meinen Teil finde eine zufriedenstellende Antwort in 5. Mose 29,29: „Was noch verborgen ist, steht bei dem Herrn, unserm Gott; was aber offenbar ist, gilt uns und unsern Kindern ewiglich, damit wir alle Worte dieses Gesetzes erfüllen" (ZÜ). Warum einige der herausragenden Kinder Gottes, ja sogar seine effektivsten Diener nicht geheilt werden, gehört zu dem, „was noch verborgen ist", zu den Dingen, die Gott uns seines Erachtens derzeit noch nicht mitteilen kann. Ich habe gelernt, mich vor seiner Souveränität zu beugen und wie Jesus selbst zu sagen: „Ja, Vater, denn so war es wohlgefällig vor dir" (Mt. 11,26).

Meine Erfahrungen und Beobachtungen haben mir auch gezeigt, wie wahr die Zusicherung Gottes an Paulus ist: „Meine Gnade genügt dir" (2. Kor. 12,9). Als diese Worte ausgesprochen wurden, hatte Paulus große Beschwerden, die Gott ihm nicht abnehmen wollte. Stattdessen schenkte er ihm die Gnade, die ihn in die Lage versetzte, inmitten seiner Leiden siegreich zu sein.

In solchen Fällen wirkt die Gnade Gottes in eine von zwei Richtungen: entweder sie befreit uns auf wunderbare Weise *aus* unserer Bedrängnis oder sie läßt uns *in* der Bedrängnis und verwandelt sie in Sieg. Was die Gnade Gottes nun im konkreten Fall bewirkt, beruht stets auf Gottes souveränem Willen. Gleichgültig, wie Gott sich zu handeln entschließt – seine Gnade ist immer ausreichend. Jemand hat es einmal so formuliert: *Der*

Wille Gottes wird mich nie an einen Ort stellen, wo mich die Gnade Gottes nicht halten kann.

Es wäre falsch zu glauben, Christen, die mit Leid zu kämpfen haben, aufgrund dessen sie von der Ehe abgehalten werden, würden nie denselben Frieden und dasselbe Glück empfinden wie die anderen Christen. Seltsamerweise ist oft genau das Gegenteil der Fall. Viele Christen, die in irgendeiner Hinsicht benachteiligt sind, bekommen oft ein größeres Maß an Gelassenheit und Zufriedenheit als das, was andere als „normal" bezeichnen würden. Es ist und bleibt nun mal eine Tatsache, daß nur jene wahren Frieden und echte Erfüllung erleben, die es gelernt haben, sich vor dem souveränen Willen Gottes zu beugen, gleichgültig, ob das nun Gesundheit oder fortwährendes Leid bedeutet. „Behinderte" Christen tun sich oft leichter, in dieser Hinsicht zu kapitulieren, als jene, die geistig und körperlich bei guter Gesundheit sind.

Dasselbe gilt auch für Christen, die sich aufgrund besonderer familiärer oder gemeindlicher Umstände dazu entscheiden, nicht zu heiraten. In vielen Fällen sind sie glücklicher und fruchtbarer im Dienst des Herrn als einige der verheirateten Christen in ihrem Umfeld.

Wenn wir nun von den natürlichen zu den geistlichen Gründen für ein Leben in Ehelosigkeit übergehen, konfrontiert uns das Neue Testament mit zwei verschiedenen Möglichkeiten. Zunächst kann Ehelosigkeit die Folge eines souveränen und übernatürlichen Aktes Gottes sein, aber auch die Folge eines menschlichen Willensaktes in Form von opferbereitem Verzicht.

Das herausragende Beispiel für eine übernatürlich gewirkte Ehelosigkeit ist der Apostel Paulus. Er beschreibt den Grund für seine Ehelosigkeit wie folgt: „Ich wünsche aber, alle Menschen wären wie ich (d. h. ehelos); doch jeder hat seine eigene Gnadengabe von Gott, der eine so, der andere so" (1. Kor. 7,7). Für Paulus war die Ehelosigkeit kein Opfer, sondern ein Geschenk Gottes. Er war damit *glücklich*. Als verheirateter Mann wäre er unglücklich gewesen.

Das griechische Wort, das hier mit „Gnadengabe" wiedergegeben wird, lautet *charisma*. Die Pluralform heißt *charismata*. Von diesem Wort leitet sich unser deutsches Wort *charismatisch* ab.

Charisma ist ein klar umrissener und konkreter Begriff des Neuen Testaments, ohne den der einzigartigen biblischen Offenbarung ein wesentlicher Bestandteil fehlen würde. Er setzt sich zusammen aus der Wurzel *charis* und der zusätzlichen Endsilbe *ma*. *Charis* bedeutet „Schönheit, Gunst, Gnade" und bezieht sich in erster Linie darauf, wie Gott mit den Menschen handelt, die er auf der Grundlage ihres Glaubens an Jesus Christus als seine Kinder angenommen hat. Vor diesem Hintergrund erkennt man, daß man sich Gnade niemals verdienen kann. Sie ist immer und ausschließlich ein Akt Gottes, der seinem freien und souveränem Entschluß entspringt.

Durch den Zusatz der Endsilbe *ma* wird aus der allgemeinen eine konkrete Aussage. *Charis* ist „Gnade" im allgemeinen mit all ihren verschiedenen Erscheinungsformen, während ein *charisma* eine einzelne, spezielle Form dieser Gnade ist, die einem einzelnen Christen gegeben wird, auf daß dadurch Gottes souveräne Absicht in seinem oder ihrem Leben in die Tat umgesetzt wird.

Im Lauf der vergangenen Jahrzehnte hat die charismatische Bewegung (wie man sie nannte) dem Volk Gottes in aller Welt ein neues Bewußtsein der Bedeutung dieser *charismata* im Leben eines Christen gebracht. Das führte vor allem auch dazu, daß die Gemeinde wieder ganz neu mit der übernatürlichen Dimension des Christentums konfrontiert wurde. Man legte besonderen Wert auf die neun *charismata* oder Geistesgaben, wie sie in 1. Korinther 12,8-10 aufgeführt sind.

Viele charismatische Gläubige haben nun den Eindruck gewonnen, dies seien alle *charismata*, die uns zur Verfügung stehen, was jedoch überhaupt nicht der Wahrheit entspricht. Im Neuen Testament habe ich zweiundzwanzig konkrete Gnadenerweise Gottes gezählt, die allesamt als *charismata* bezeichnet werden. Paulus erwähnt eine dieser Gnadengaben in 1. Korinther 7,7 – die Ehelosigkeit. Wenn ich über die Gnadengaben lehre, warne ich die Christen bisweilen davor, Gott unkonkret um irgendeine Gnadengabe zu bitten; denn so kann es vielleicht geschehen, daß er sie mit der Gabe der Ehelosigkeit segnet! Den meisten von ihnen ist nämlich nicht bewußt, daß auch dies ein *charisma* ist.

Diese einfache Analyse des Wortes *charisma* offenbart zwei wichtige Gesichtspunkte der Ehelosigkeit des Paulus. Zunächst einmal war sie eine souveräne Gabe Gottes. Paulus hatte sie nicht verdient, ja er hätte sie sich gar nicht verdienen können. Es war auch nicht sein ureigenster Entschluß, ehelos zu bleiben. In seiner unerforschlichen Weisheit hatte Gott Paulus diese Gabe geschenkt. Paulus hat sie seinerseits akzeptiert und zu dem Zweck gebraucht, für den Gott sie ihm gegeben hatte. Überdies war Paulus' Ehelosigkeit auf einer Ebene angesiedelt, die jenseits des Natürlichen lag. Sie war nicht das Resultat seiner eigenen Anstrengung. Sie war auch nicht die Folge einer rigorosen, asketischen Lebenseinstellung. Selbstverständlich mußte er Selbstdisziplin üben, um diese Gabe unbeschadet zu halten und sie für ihren gottgewollten Zweck zu verwenden. Doch um diese Gabe überhaupt zu bekommen, hätte keine noch so extreme Selbstdisziplin ausgereicht. Gott hatte sie ihm auf übernatürliche Weise verliehen.

Es ist auch wichtig zu begreifen, daß Paulus durch seine Ehelosigkeit weder vom Leib Christi abgeschnitten wurde noch dem Druck und den Herausforderungen des täglichen Lebens entkam. Er war ständig von Menschen umgeben, sowohl von Christen als auch von Nichtchristen. Er selbst schrieb über die Geistesgaben: „Jedem wird aber die Offenbarung des Geistes (zum Nutzen der Gemeinde) verliehen" (1. Kor. 12,7; Menge). Das galt auch für seine Gabe der Ehelosigkeit. Sie war nicht der enge Pfad zu seiner eigenen geistlichen Vervollkommnung; vielmehr war sie für ihn die wirksamste Zurüstung überhaupt, damit er dem ganzen Leib Christi dienen und ihn auferbauen konnte.

Paulus zeigt in 1. Korinther 9,5-6 den Gegensatz zwischen seinem und Barnabas' speziellem Dienst und dem Dienst anderer Apostel auf: „Haben wir nicht gleich den andern Aposteln, den Brüdern des Herrn und Kephas das Recht, auf unsern Reisen eine christliche Schwester als Ehefrau bei uns zu haben? Müssen nur ich und Barnabas den Lebensunterhalt durch Handarbeit erwerben?" (Albrecht) Dieser Aussage können wir entnehmen, daß Barnabas, wie Paulus, unverheiratet war. Es ist jedoch auch klar, daß von allen Aposteln diese beiden eine Ausnahme darstellten. Die anderen hatten Ehefrauen, von denen sie in der Regel auf ihren Reisen im Dienst des Herrn begleitet wurden.

Offensichtlich bestand ein direkter Zusammenhang zwischen der Ehelosigkeit des Paulus und dem besonderen Druck und den Anforderungen seines von Gott gegebenen Dienstes. Sie war ein Werkzeug, das für seine Aufgaben eine wesentliche Rolle spielte. Wäre Paulus verheiratet gewesen, wäre entweder seine Ehe eine Katastrophe gewesen oder er hätte seine Lebensaufgabe nicht erfüllen können.

Es fällt mir auch nicht schwer zu glauben, daß Gott für John Wesley ein ähnliches Geschenk gehabt hätte, er dies jedoch nicht erkannte. Seine Ehe war vielleicht der einzige größere Fehler, den er in seinem Leben begangen hat. Sie behinderte seinen Dienst, statt daß sie ihn gefördert hätte; noch dazu scheint er auch kein besonderes Glück oder Erfüllung in der Ehe gefunden zu haben. Aus diesem Grund ist es so wichtig, daß Gottes Diener in der Lage sind, die besondere Art der Berufung zu erkennen, für die man als Zurüstung die Ehelosigkeit braucht.

In Matthäus 19,12 spricht Jesus von einer anderen Art von Ehelosigkeit, die man unter Christen auch findet: „Manche sind von Geburt an zur Ehe unfähig (wörtl. a. d. Engl.: Eunuchen), manche sind von den Menschen dazu gemacht, und manche haben sich selbst dazu gemacht – um des Himmelsreiches willen" (Einheitsü.).

Jesus bezeichnet jene als „Eunuchen", die nicht in der Lage sind, eine normale sexuelle Beziehung zu haben. Er nennt drei Möglichkeiten, wie dies geschehen kann: Einige werden so geboren; andere werden von den Menschen so gemacht (d. h. entmannt) und wieder andere versetzen sich durch eine Willensentscheidung selbst in diesen Zustand.

Die letzte Gruppe handelt so „um des Himmelsreiches willen", d. h. um in der Lage zu sein, sich ohne Einschränkung dem Dienst im Reich Gottes zu widmen. Auch wenn man mit dem Wort „Eunuch" normalerweise immer einen Mann meint, scheint es hier angemessen, sowohl Männer als auch Frauen in diese Kategorie aufzunehmen, die für Gott und sein Reich der Ehe entsagen und sich ehelos speziellen Formen des christlichen Dienstes zuwenden. Die Kirchengeschichte hat im Laufe der

Jahrhunderte ganz offensichtlich zahllose Beispiele für diese Art von „Eunuchen" hervorgebracht.

Die Menschen, die man in diese dritte Gruppe einreihen könnte, haben jedoch nicht das übernatürliche Charisma der Ehelosigkeit verliehen bekommen. Jesus macht dies durch seine Wortwahl deutlich: Sie haben *sich selbst zu Eunuchen gemacht.* Dieser Zustand ist die Folge ihrer eigenen Entscheidung und nicht eines souveränen göttlichen Willensaktes. Anders als Paulus hätten solche Menschen durchaus eine glückliche Ehe führen können. In ihren Augen ist die Ehelosigkeit ein Opfer, ein Verzicht aus freien Stücken, der durch die Kraft ihres eigenen Willens zustande kommt und aufrechterhalten wird.

Zusammenfassend kann man sagen, daß auf der geistlichen Ebene die Ehelosigkeit zwei Ursachen haben kann: Sie ist entweder ein Charisma, das auf übernatürliche Weise von Gott gegeben wird, oder eine menschliche Willensentscheidung. In beiden Fällen hängen die Auswirkungen der Ehelosigkeit mit den komplizierten, inneren Mechanismen der menschlichen Persönlichkeit zusammen.

Die verschiedenen Formen der Motivation und des Ausdrucks, die eine Person zu dem machen, was sie ist, könnte man mit einer Vielzahl von Flüssen vergleichen, die allesamt von einem einzigen See gespeist werden. Wenn man einen dieser Flüsse absperrt, fließt um so mehr Wasser durch die anderen. Ein wichtiger Fluß der menschlichen Persönlichkeit ist die normale Ausdrucksform der ehelichen Sexualität. Wenn man im Leben eines Christen jedoch diesen Fluß der Sexualität absperrt, kann um so mehr geistliche, intellektuelle und emotionelle Energie freigesetzt werden, die dann andere Ausdrucksformen findet, wie z. B. Fürbitte, Gelehrsamkeit, Kreativität oder Dienst an den Armen.

In einer Analyse der Rolle der Sexualität im Leben eines Christen faßt Selwyn Hughes dies sehr treffend zusammen:

> Legt man seinen Sexualtrieb vorbehaltlos in Gottes Hand, verliert er das Tyrannische und Übermächtige. Alexis Carrel sagt, die Menschen, die in der Welt am meisten schaffen, seien jene, die einen starken Sexualtrieb haben, ihn jedoch den Zielen, für die sie leben,

unterordnen. In der Ehe muß der Geschlechtstrieb in bestimmte Bahnen kanalisiert werden – zur Fortpflanzung und zur Freude des Partners. Außerhalb der Ehe muß der Geschlechtstrieb sublimiert und in andere Bahnen kanalisiert werden – zur Kreativität im Reich Gottes. Denken Sie daran: Wer einen starken Geschlechtstrieb hat, kann auch stark im Dienst sein.*

Gibt es nun eine besondere Gruppe von Christen, die immer ehelos bleiben muß? Ist dies z. B. eine Grundvoraussetzung für alle, die in den pastoralen Dienst berufen sind? Das Neue Testament läßt diesen Schluß nicht zu. Es wurde bereits darauf hingewiesen, daß von allen Aposteln lediglich Paulus und Barnabas diese spezielle Gabe hatten (die Frage, ob man Barnabas hier überhaupt mit einbeziehen sollte, ist durchaus berechtigt).

In seiner Liste der Anforderungen für einen Aufseher (was traditionell mit *Bischof* übersetzt wird) sagt Paulus: „Der Aufseher muß ... der Ehemann einer einzigen Frau (sein) ... Er muß seine eigene Familie gut führen und darauf achten, daß ihm seine Kinder mit angemessener Achtung gehorchen" (1. Tim. 3,2.4: wörtl. a. d. Engl.). Paulus geht somit davon aus, daß ein Aufseher (oder Bischof) alles andere als ehelos, sondern vielmehr ein verheirateter Familienvater ist.

Meine eigenen Erfahrungen und Beobachtungen im Lauf der Jahre haben mich davon überzeugt, daß diese Anforderung sehr weise und praxisbezogen ist. Wenn ein Pastor ledige Frauen oder Ehepaare berät, braucht er oft besondere Erkenntnisse, die ihm seine Frau geben kann, weil sie alles aus einem anderen Blickwinkel sieht. Er braucht auch den Schutz der Frau, weil er in Situationen geraten kann, in denen er sonst sexueller Versuchung ausgesetzt sein würde. Es ist unfair, wenn ein Mann, der im geistlichen Dienst steht (gleichgültig, ob das nun Seelsorge oder Gebet ist), viel Zeit allein mit Frauen verbringen muß. Aus solchen Situationen haben sich schon oft Beziehungen entwickelt, die nicht wünschenswert sind und zu Verwicklungen geführt haben.

---

* Ein Zitat aus „Every Day With Jesus" für Freitag, den 27. Juli, 1984.

Das sind ohne Zweifel einige der Gründe, weshalb im Judentum ein Rabbiner verheiratet sein muß. In diesem Punkt steht das Judentum der biblischen Position näher als die traditionelle kirchliche Lehre, die das obligatorische Zölibat aller Geistlichen fordert.

Die Ehelosigkeit hat natürlich einen besonderen Platz in Gottes Plan für diejenigen, die in seinem Dienst stehen. Entweder wird sie ihnen als souveräne, „charismatische" Gabe Gottes zuteil oder aufgrund einer Entscheidung, die der einzelne Christ unter Gebet getroffen hat. Sie ist jedoch nicht die Standardanforderung für alle, die in einer besonderen Kategorie des geistlichen Dienstes stehen.

Somit muß jeder Mensch, der zu einem Dienst berufen ist, zur Frage der Ehe oder der Ehelosigkeit den Willen Gottes für sein Leben herausfinden.

Ruths Geschichte

12

„Treffen wir uns im 'King David'"

Meine Hand zitterte. Das Herz schlug mir bis zum Hals, während ich neben meinem Postfach in Jerusalem stand. Ich riß den Umschlag des Telegramms auf. „Treffen wir uns am 20. September um 9 Uhr im King David Hotel. Prince." Ich atmete tief durch und las das Telegramm noch einmal. Derek Prince kam an Yom Kippur (dem Versöhnungstag, dem heiligsten Feiertag im jüdischen Jahreslauf) tatsächlich nach Jerusalem, und er wollte mich sehen!

Ich lief zurück in mein Zimmer in einem nahegelegenen Hospiz und fiel neben dem schmalen Bett auf die Knie; die Bibel lag aufgeschlagen vor mir, daneben das Telegramm. „Herr, soll das heißen, was es meiner Vermutung nach heißt?" betete ich. „Mach' mein Herz wieder ruhig. Hilf' mir, deine Stimme zu hören und auf deine Weisung zu warten."

Während ich vor ihm wartete, wurde ich allmählich mit Frieden erfüllt, mit der stillen Gewißheit, daß Gott mich in den Plan hineinführte, auf den er mich vorbereitet hatte.

Doch noch andere Fragen bohrten in mir: Wie soll das zugehen, daß sich Derek Prince, den ich für einen großen Mann Gottes halte, mit einer geschiedenen Frau einläßt? Vielleicht bildete ich mir das alles nur ein? Womöglich war es gar nicht der Herr, der in den vergangenen Monaten zu mir gesprochen hatte? Und wenn ich hinter's Licht geführt werde? Wenn ich mir jetzt Hoffnungen mache und auch zu meinen Gefühlen stehe und doch wieder nur verletzt werde, was dann? Konnte ich es wagen und ihm vertrauen? Konnte ich irgendeinem Mann vertrauen?

Ich erinnerte mich an jene Nacht im Jahr 1965, als wäre sie gestern gewesen. Ich hatte mich schluchzend in meinem Bett hin- und hergeworfen. Meine Hoffnungen und Träume von diesem „Bis-daß-der-Tod-euch-scheidet" waren vor meinen Augen zunichte geworden. Mein Herz blutete, meine Gefühle waren ein einziges Durcheinander. In jener Nacht wollte ich die

Hoffnung auf ein neues Leben haben, zufrieden und erfüllt. Und dennoch kroch Angst in mir hoch, die Angst, nie wieder geliebt zu werden oder nie wieder lieben zu können, die Angst, den Rest meines Lebens einsam und verlassen sein zu müssen, oder, was noch viel schlimmer wäre, nochmal in einer kaputten Ehe zu enden.

Ich fühlte mich wie die Frau, die in Jesaja 54,6 beschrieben wird: verlassen, tiefgekränkt in ihrem Geist, eine Frau, die jung geheiratet hat, nur um später abgelehnt zu werden. Mit einundzwanzig hatte ich einen jungen Juden geheiratet. Ich war zu seinem Glauben konvertiert und hatte meinem eigenen Erbe und meiner Kultur den Rücken zugekehrt. Ich ging davon aus, daß diese Beziehung ein Leben lang halten würde und hatte mich vorbehaltlos darin investiert. Ich hatte geglaubt, unsere Liebe würde alle Prüfungen bestehen. Doch nach dreizehn Jahren war alles vorbei. Ich gefiel ihm nicht mehr. Er wollte mich nicht mehr. Er hatte eine andere Frau gefunden. Unsere Ehe war zu Ende.

Schließlich wurde ich ruhiger und schlief ein. Als der Tag anbrach, erkannte ich, daß irgendwie eine Entscheidung getroffen worden war, während ich geschlafen hatte: ich würde allein bleiben. Ich wollte mich nie wieder verletzbar machen, nie wieder der Spielball eines anderen Menschen werden. Meine Beziehungen sollten an der Oberfläche enden. Ich wollte niemanden mehr so nahe an mich heranlassen, daß er mich noch einmal so würde verletzen können.

Das war 1965. Jetzt hatten wir das Jahr 1977, und ich mußte mich entscheiden, ob ich das Risiko einer neuen innigen Beziehung noch einmal eingehen wollte. Weil ich eine Frau war, mußte ich auf den ersten Schritt des Mannes warten, bevor ich wissen konnte, ob so ein Schritt überhaupt zu erwarten war. Dieses Telegramm schien das sichere Zeichen dafür zu sein, daß Derek Prince dabei war, diesen Schritt zu gehen.

Ich konnte dem Risiko ja nach wie vor aus dem Weg gehen. Ich brauchte nur nicht zu antworten. Er kannte lediglich die Nummer meines Postfachs, aber nicht meine Adresse. Wenn ich nicht zu der Verabredung im King David kommen würde, wäre die Sache erledigt. Doch würde Gott dies gefallen? Würde ich es wagen, der inneren Stimme ungehorsam zu sein, die zu mir sagte: *Deshalb habe ich dich nach Jerusalem gebracht. Dies habe ich dein Leben lang für dich vorbereitet.* Ich wartete still und schließlich hatte ich wirklich Frieden darüber. Ich wußte, ich konnte meinem Gott vertrauen, der sich mir in Jesus, dem Messias, offenbart hatte. Deshalb sagte ich: „Herr, möge dein Wille in dieser Angelegenheit geschehen. Du weißt, was vor mir liegt, ich jedoch nicht, aber ich vertraue dir." Früher hatte ich meine Entscheidungen meist anders getroffen. Ich wurde während der Weltwirtschaftskrise in eine große Familie hineingeboren und hatte einen klaren Verstand und einen kräftigen Körper; ich hatte gelernt, meinen eigenen Kopf zu haben, die Initiative zu ergreifen und mich auf meine eigenen Fähigkeiten zu verlassen. Oft versagte ich und konnte meinen Erwartungen nicht gerecht werden. Doch meine Reaktion darauf war immer dieselbe: Setz' deinen Kopf durch, lern' mehr, arbeite härter, mach's nächstes Mal besser! Manchmal wurde ich von emotionalen Kämpfen, die ich nicht durch Willensstärke oder Selbstdisziplin gewinnen konnte, schier in die Knie gezwungen. Aber mir wäre nie der Gedanke gekommen, Jesus um Hilfe zu bitten.

Die lutheranische Gemeinde in Michigan, wo ich aufwuchs, hatte es irgendwie nicht geschafft, mir zu vermitteln, daß man eine *persönliche* Beziehung mit Gott haben könne. Es war zwar immer was los – Sonntagsschule, Abendmahl, Konfirmationsunterricht, Jugendgruppen –, aber die Auferstehung begriff ich nie und war oft verwirrt, weil Jesus und Martin Luther annähernd denselben Stellenwert zu haben schienen. Viel später erfuhr ich, daß mein jüngerer Bruder, als er noch klein war, in dieser Gemeinde Jesus kennengelernt hatte; also lag es wohl an mir, daß ich das, was gelehrt worden war, nicht begriffen hatte. Auf jeden Fall ging ich weg, so früh ich konnte, und beschloß für mich, daß mir die Religion nichts mehr geben könne.

Einige Jahre später, während ich als Feldwebel bei den US Marinetruppen diente, lernte ich einen Juden kennen, der später mein Mann wurde. Weil ich zu seiner Religion konvertieren wollte, studierte ich die Inhalte des Judentums und erstaunlicherweise entdeckte ich dabei den Gott, den ich in der lutheranischen Gemeinde nie kennengelernt hatte; es war zwar nach wie vor keine persönliche Begegnung mit ihm, aber ich bekam die Gewißheit, daß es einen Gott *gab*, der sich um das Universum kümmerte und der seine eigenen Gründe dafür gehabt hatte, weshalb er das jüdische Volk auserwählt hatte. Das war Anfang der fünfziger Jahre, kurz nach dem Holocaust; ich strengte mich an, die einzigartige Berufung des jüdischen Volkes zu begreifen, das von Gott scheinbar geliebt wurde und dennoch mehr litt als jedes andere Volk der Erde. Der Rabbiner sagte zu mir: „Sind Sie sicher, daß Sie konvertieren wollen? Es ist nicht leicht, Jude zu sein. Niemand versteht einen. Vielleicht enden Sie auch einmal in einer Gaskammer. Sie sind bereits mit Ihrem Mann verheiratet, deshalb wird Ihnen auch niemand Vorwürfe machen, wenn Sie letztlich doch nicht konvertieren. Sie müssen sich schon *sehr* sicher sein!"

Meine Antwort war eindeutig: Im Judentum hatte ich mehr gefunden als ich in der Religion überhaupt zu finden glaubte. Also nahm ich den Namen „Ruth", „Tochter Abrahams", an und wurde eine treue konservative Jüdin. Die hebräischen Gebete für den Sabbat und die jüdischen Feiertage lernte ich auswendig. Ich lernte, wie man spezielle Mahlzeiten zubereitet und das Haus für besondere Anlässe schmückt. Diese Rituale und noch viel mehr die engen Beziehungen innerhalb der jüdischen Gemeinschaft gaben mir Sicherheit und ein gewisses Maß an Frieden.

Da ich selbst keine Kinder bekommen konnte, adoptierten wir vier jüdische Kinder. Eins von ihnen, eine Tochter, liegt auf einem jüdischen Friedhof in Portland im Bundesstaat Oregon begraben. Ich fand sie eines Morgens tot in ihrem Bettchen – plötzlicher Kindstod. Mein neugefundener Glaube erwies sich angesichts dieses Schocks und der Trauer irgendwie als tragfähig.

Im Laufe unserer dreizehnjährigen Ehe sind wir oft umgezogen, jedesmal, um die Karriere meines Mannes voranzutreiben. Unser Ruhepol war entweder die Synagoge vor Ort oder, in Städten, die so klein waren, daß sie keine Synagoge hatten, andere jüdische Familien. Wir schienen eine typisch jüdische Familie zu sein: es ging uns gut, wir engagierten uns in der Politik und in unserer Gemeinde am Ort und hatten ein reges gesellschaftliches Leben. Ich legte großen Eifer an den Tag, wenn es um die jüdische Erziehung der Kinder ging. Oft fuhr ich sie viele Kilometer in die Schule und versuchte, sie vom

161

Druck einer vorwiegend christlichen Gesellschaft abzuschirmen.

Eines Tages kam mein Mann von einer Geschäftsreise nach Hause. Er packte seine Koffer aus und ließ den Inhalt seiner Taschen auf der Kommode liegen. Mein Blick fiel auf die Quittung einer Motelrechnung, die auf den Namen „Herr *und Frau* Baker" ausgestellt war. Ich war schockiert und las den Beleg. Es gab keinen Zweifel. Plötzlich paßte alles zusammen: seine „Geschäftsreisen", die meist das ganze Wochenende in Anspruch nahmen, sein nachlassendes Interesse an den Kindern, seine kritischen Äußerungen über mich, in denen er mich an irgendeinem unbekannten Maßstab maß – mein Mann hatte eine andere Frau gefunden.

Als ich mich von dem Schock erholt hatte, holte ich mir Rat bei einer lieben Freundin, die ein paar Jahre älter war als ich. Was sie mir riet, war einwandfrei: „Sag' nichts, mach' dir eine schöne Frisur, kauf' dir schöne Wäsche, mach' ihm seine Lieblingsspeisen, gewinn' ihn für dich."

Einige Monate lang tat ich so, als wüßte ich von nichts, begrüßte ihn nach jeder Reise mit offenen Armen und warb um ihn. Das gefiel ihm, aber er hielt die Beziehung zu der anderen Frau aufrecht. Mittlerweile hatte ich herausgefunden, wer sie war. Als es dann hieß, wir würden wieder umziehen, sah ich einen Hoffnungsschimmer, bis er nebenbei bemerkte, sie würde auch umziehen. Dann erzählte er mir, wie sehr die Kinder sie liebgewonnen hätten. Das hieß, daß er sie immer mitgenommen hatte, wenn er mit den Kindern – aber ohne mich – Ausflüge gemacht hatte – das war zu viel für mich; ich ging zum Rechtsanwalt.

Die folgenden drei Jahre waren sehr schlimm. Unser Leben geriet aus den Fugen. Als er mich bat, mich aus Rücksicht auf seine Karriere nicht wegen Ehebruchs von ihm scheiden zu lassen, willigte ich ein; wir beschlossen eine rechtliche Trennung, auf die eine routinemäßige Scheidung folgen sollte. Wir teilten unsere Habe auf, und die Kinder und ich zogen in ein älteres, kleineres Haus, das aber immer noch in einem guten Stadtviertel lag. Ich fing wieder zu studieren an, um meinen Collegeabschluß nachzuholen.

Wir hatten uns freundschaftlich geeinigt, und ich konnte nicht ahnen, daß er die Unterhalts- und Abfindungszahlungen einstellen würde, sobald er in einen anderen Bundesstaat versetzt werden würde (und somit außer Reichweite des zuständigen Gerichts gelangte). Mir kam es vor, als hätte ich alles, außer meinen Kindern, verloren. Ich hatte keinen Ehemann mehr, kein Geld, keine Hoffnung und mußte noch dazu vor Gericht eine Schlacht schlagen. In einem Willensakt reichte ich einen Antrag auf ein Darlehen zur Ausbildungsförderung ein, schluckte meinen Stolz hinunter und fand einen Teilzeitjob als Vertreterin für Kosmetikartikel. Wenn ich erst einmal meinen Abschluß hatte, würde ich Geld verdienen, und darauf hatte ich es abgesehen.

Meine Kinder litten noch mehr als ich. Sie hatten keinen Vater mehr und eine Mutter, die immer müde war oder zu viel zu tun hatte. Am Abend schaute ich sie oft an, wie sie in ihren Betten lagen, und rief innerlich: „Warum, Gott, warum?" Sie waren so großartige Babys gewesen. Als wir sie bei uns aufnahmen, hatten wir so viel Hoffnung. Aber ich konnte nicht Vater und Mutter gleichzeitig sein, ja ich konnte nicht einmal die gute Mutter sein, die ich sein wollte. So verging Tag um Tag, und ich versuchte, das Beste zu tun, was unter diesen Umständen möglich war.

Aber es kam noch schlimmer: ich wurde krank. Die Scheidung war inzwischen endgültig, ich bekam auch wieder Unterhaltszahlungen und war überdies drauf und dran, meinen Abschluß zu machen. Ich hatte gedacht, ich könnte mich ein wenig entspannen und nun das! Erst wurde ich operiert, dann verstauchte ich mir den Knöchel und schließlich legte mich eine schlimme Grippe lahm. Meine Situation schien aussichtslos.

Eines Nachmittags, als ich im Bett lag, rief ich zum Gott Abrahams, Isaaks und Jakobs: „Gott, wo bist du? Kümmerst du dich nicht um mich? Ich kann mich weder um mich selbst, noch um meine Kinder kümmern. Ich kann so nicht weitermachen. Hilf mir!"

Plötzlich knisterte die Atmosphäre im Raum. Jemand war da, stark, tröstend und friedvoll. Jesus heilte mich. Ich wußte, es war Jesus. Als Jüdin hatte ich nicht einmal an Jesus *geglaubt*, aber er heilte mich trotzdem. Seine Gegenwart wurde schwächer und alles war wieder wie zuvor. Wie benommen lag ich einige Minuten da; dann stand ich auf, um zu testen, wie stark ich schon war. Als die Kinder von der Schule nach Hause kamen, war ich gerade in der Küche beim Plätzchenbacken. Es war herrlich, wieder gesund zu sein. Ich stürzte mich Hals über Kopf in meine Aktivitäten und schon bald hatte ich wieder meinen routinemäßigen 18-Stunden-Tag. Ich wollte nicht zu viele Pausen haben, in denen ich nachdenken könnte, denn was diese Offenbarung Jesu bedeutete, war mehr, als ich ertragen konnte.

Ich sah mich als die Ruth der Bibel in die heutige Zeit versetzt – mein ganzes Herz gehörte dem Gott Israels und dem Volk Israel. Jetzt glaubte ich an Jesus. Was sollte ich tun? Ich hatte noch nie zuvor gehört, daß jemand eine Erfahrung wie ich gemacht hätte. Ich dachte, ich sei von allen Juden die erste, die je in Jesus den Messias gesehen und an ihn geglaubt hatte. Ich hatte keine Ahnung davon, daß überall auf der Welt einzelne Juden auch ihre persönliche Begegnung mit dem auferstandenen Messias hatten.

Ich wußte nur eins: Jesus hatte mich geheilt und ich glaubte an ihn. Aber ich konnte mit niemandem darüber reden. Meine jüdischen Freunde würden Anstoß nehmen, wenn ich den Namen Jesus in einem solchen Zusammenhang erwähnen würde. Ich weigerte mich, das Neue Testament zu lesen, das mir eine neue Freundin, eine Christin, der ich meine Geschichte erzählt hatte, gegeben hatte. Aufgrund meiner Loyalität gegenüber dem Judentum und dem jüdischen Volk scheute ich mich davor, mehr über Jesus herauszufinden.

Zwei Jahre lang floh ich vor Gott. Ich zeigte dem, der mich geheilt hatte, keinerlei Dankbarkeit. Ich verhärtete mein Herz und weigerte mich, über geistliche Dinge nachzudenken. Ich investierte meine gesamte Energie in die Erziehung meiner Kinder, in den Aufbau meiner Karriere, in Gemeinschaftsaktivitäten und in mein gesellschaftliches Leben. Tag und Nacht war ich beschäftigt.

Das ging so weiter bis 1970. Dann wurde ich wieder krank und sollte an der Gallenblase operiert werden. Ich hatte furchtbare Schmerzen und – Angst. Ich erinnerte mich gut daran, daß ich zwei Jahre zuvor längere Zeit krank gewesen war, daß Jesus mir diese Last abgenommen und mich geheilt hatte, so daß ich all meine Aktivitäten wieder aufnehmen konnte. Jetzt war mir klar, daß ich ein zweites Wunder eigentlich nicht erwarten konnte. Ich hatte Jesus nicht einmal so viel Respekt gezeigt wie meinem Arzt, und hatte auch keine Anstalten gemacht herauszufinden, wie ich seiner Meinung nach leben sollte, wenn ich bei guter Gesundheit war. Wie wenig kannte ich die Gnade und das Erbarmen Gottes!

Am Tag vor der Operation las ich das Buch *Face Up with a Miracle* von Don Basham, das mir eine befreundete Christin gegeben hatte. Zum ersten Mal erkannte ich klar und deutlich, daß ich einen Heiland brauchte, nicht nur um geheilt zu werden, damit ich nachher wieder so weitermachen konnte wie zuvor, sondern um von meiner Sünde gereinigt zu werden und ein neues Leben zu bekommen, das auf Gott ausgerichtet ist. Mir war vor allem klar, wie sehr ich die Kraft des Heiligen Geistes brauchen würde, um dieses Leben leben zu können, denn in der Zwischenzeit hatte ich begriffen, daß ich nicht jedes Hindernis mit Willensstärke und harter Arbeit überwinden konnte. Meine zermürbenden Schmerzen sagten mir, daß ich meinen Lebensstil radikal ändern mußte.

Dort im Zimmer des Krankenhauses neigte ich meinen Kopf und schloß meine Augen. Jesus hatte gesagt: „Wer zu mir kommt, den werde ich nicht hinausstoßen" (Joh. 6,37). So wie ich war, kam ich demütig zu ihm. „Vergib mir, daß ich gegen dich gesündigt habe", sagte ich, „daß ich meinen eigenen Weg gegangen bin. Komm' in mein Herz."

Und er kam, ganz schlicht und einfach und ohne große Gefühle; fast kam es mir vor, als hätte ich eine mündliche Vereinbarung mit Jesus getroffen, und wir hätten sie mit einem Handschlag besiegelt.

Dann sagte ich zu Jesus: „Wenn die Geistestaufe von dir ist und du willst, daß ich sie bekomme, dann möchte ich sie haben."

Mein neuer Meister nahm mich beim Wort, und mit einem Mal kamen seltsame Silben aus meinem Mund. Damit mich niemand hörte, flüsterte ich in einer neuen Sprache, die ich nie gelernt hatte, in einer Sprache, die mir vom Himmel gegeben wurde. Wie eine Quelle sprudelte sie aus mir heraus. Bis spät in die Nacht lag ich auf meinem Bett und flüsterte die Silben, die aus mir herausströmten. Sie schienen an mir herunterzufließen, wie ein Bach über Steine fließt – jede Note, jede Silbe machte mich reiner.

Am nächsten Tag wurde ich operiert. Drei Wochen danach fing ich wieder an zu arbeiten. Meine Heilung schritt schnell voran; ich staunte über meine Genesung. Inzwischen las ich in der Bibel und zwar mit einem Hunger, wie ich ihn noch nie für etwas gehabt hatte. Nach dem relativ emotionslosen Anfang hatte ich mich in Jesus verliebt. Nichts schenkte mir Erfüllung, außer sein Wort und das Beten in meiner neuen Sprache.

Jetzt hatte ich ein neues Problem. Ich stand in dem Spannungsfeld zwischen den Anforderungen meiner Arbeit bei den städtischen Behörden und dieser neuen Liebe, die Tag für Tag mehr wuchs.

Nach vier Monaten ging Jesus einen Schritt weiter mit mir. Er machte mir klar, daß ich mich ihm voll und ganz hingeben müsse. Das kostete mich einiges. Mein Wille war recht gut ausgeprägt und stark. Schließlich gestand ich mir ein, daß mein Leben nicht gerade mit Erfolg gekrönt war. Ja, ich hatte meinen Collegeabschluß mit Auszeichnung gemacht, drei Kinder erzogen und nebenbei auch noch gearbeitet. Ja, ich hatte sehr gute Aussichten darauf, Karriere zu machen. Doch in zwei Jahren war ich zweimal schwer krank geworden. Es fiel mir auch immer schwerer, mit meinem Sohn, der mittlerweile im Teenageralter war, zurechtzukommen. Ich brauchte den inneren Frieden, den ich in Jesus gefunden hatte. Anscheinend gab es keine Alternative.

Auch wenn mir immer wieder ein „Was ist, wenn ...?" durch den Kopf schoß, kapitulierte ich mit meinem Willen vor Gott. Am 21. Februar 1971 saß ich in meinem Schlafzimmer und sagte zu Gott: „Ich bin vierzig, ich habe nicht viel Kraft, ich bin müde, meine Ehe ist kaputtgegangen und ich habe Kinder, die Probleme haben – ich weiß nicht, was du mit mir anfangen kannst. Doch wofür du mich haben willst, gebe ich mich dir hin." Und er nahm mich auf.

Am übernächsten Abend wollte ich zu beten anfangen, und Gott antwortete mir. Ich fiel fast aus dem Bett. Niemand hatte mir gesagt, daß Gott auch heute noch zu Menschen spricht. Wiederum dachte ich, ich sei der erste Mensch überhaupt, dem so etwas geschieht. Ich kam aus dem Staunen nicht mehr heraus und fragte mich, warum gerade ich für so ein Erlebnis ausgewählt wurde. Zwanzig Minuten lang stellte ich Gott Fragen zu meinem Leben, und er antwortete mir. Er verlangte seinerseits einige Veränderungen in meinem Leben. Er sagte, er erwarte Gehorsam von mir und sicherte mir zu, er würde mich leiten, solange ich treu wäre und das, was ich begriffen hatte, gehorsam umsetzen würde. Wir unterhielten uns weiter, und schließlich stellte ich ihm eine Frage über jemand anderen. Er wies mich nicht zurecht. Er hat einfach nicht geantwortet. Ich habe schnell begriffen, daß ich meine Nase nicht überall hineinstecken soll!

Das neue Leben, das am nächsten Tag losging, erstaunte mich. Keine Zweifel mehr und keine Angst. Ich war in der Lage, jede Veränderung vorzunehmen, die Gott von mir gewollt hatte, und konnte mir dabei absolut sicher sein, daß er hinter mir stehen würde. In den Jahren, in denen ich allein lebte, war aus mir ein sehr unabhängiger Mensch geworden. Jetzt hatte ich über Nacht gelernt, wieder abhängig zu sein und zwar vom Heiligen Geist. Ich wußte, daß ich dem Herrn nur dann gehorchen konnte, wenn ich auch seine Stimme hörte; aus heiliger Ehrfurcht und Gottesfurcht heraus suchte ich ihn unablässig, damit ich nicht unaufmerksam werden und infolgedessen straucheln würde. Erst später fand ich heraus, daß ich vom Heiligen Geist eine Gabe bekommen hatte, die Gabe des Glaubens. Mit Hilfe dieser Gabe konnte ich meinen momentanen Stand hinter mir lassen und darauf warten, daß Gott mich dorthin stellen würde, wo er mich haben wollte.

Die folgenden Monate waren ein einziges Abenteuer, da ich jeden Tag mehr lernte, Gottes Stimme zu hören und gehorsam zu handeln. Er brachte mir Flexibilität bei und zeigte mir, wie ich als Reaktion auf den Heiligen Geist schnell meine Richtung ändern konnte. Er schenkte mir seine Liebe, die sich über mich ergoß und durch mich andere erreichte.

An meiner neuen Stelle beim Arbeitsamt des Bundesstaats Maryland mußte ich viel reisen; also wurde mein Auto zu einem „fahrbaren Heiligtum". Bis auf den heutigen Tag geht es mir so, daß ich als erstes singen will, wenn ich ins Auto steige. Der Herr hatte mir eine Stimme gegeben, um ihn zu preisen und mir ein

Lied ins Herz gelegt. Ich sang im Geist und in verständlichen Worten. Ich betete im Geist und mit meinem Verstand. Meine Beziehung zu Jesus war realer für mich als meine weltlichen Beziehungen. Ich suchte ihn jeden Tag, und er ließ mich nie warten. Die Freude der Gemeinschaft mit ihm überstieg jedes irdische Gefühl, so daß ich sie nicht einmal annähernd beschreiben kann. Man könnte vielleicht sagen, es sei eine Zeit gewesen, in der mein himmlischer Bräutigam um mich geworben hat, sozusagen ein Vorgeschmack auf die Flitterwochen, die mit dem Hochzeitsmahl des Lammes beginnen werden.

Als unsere Beziehung immer inniger wurde und ich lernte, seine Stimme immer deutlicher zu hören und ohne Verzug auf seine Weisung zu reagieren, führte mich Jesus auch in die Fürbitte. Ich fing an, mit ihm ganz natürlich über Personen und Situationen zu sprechen, die mir am Herzen lagen, und er zeigte mir, wie ich beten sollte. Anfangs staunte ich über die klaren Gebetserhörungen, bis ich schließlich erkannte, daß es ihm eine Freude ist, die Gebete jener zu erhören, die seine Bedingungen erfüllen.

So wie es der Psalmist sagt, hatte ich meine Lust am Herrn (Ps. 37,4), und er nahm mehr und mehr in mir Wohnung. Meinem Mangel schaffte er durch andere Menschen Abhilfe: er gab mir reife christliche Ehepaare als Freunde, andere ledige Frauen, mit denen ich beten konnte und junge Männer, die lediglich Freunde waren und die mir sagen konnten, wie ein Mann die Dinge sieht, ohne daß dabei Gefühle im Spiel gewesen wären oder ich ins Wanken gekommen wäre; er gab mir einen Pastor, der wirklich das Herz eines Hirten hatte, und die Lehre gesalbter Bibellehrer (einer von ihnen war Derek Prince) in Form von Büchern, Kassetten und Konferenzen. Ich hatte ein erfülltes Leben.

Während meiner ersten Reise nach Jerusalem im Jahr 1974 berief Gott mich nach Israel. Meine Last für Israel war entstanden, als ich zum ersten Mal die Bibel durchlas und bei Jesaja und Jeremia angelangt war. In diesem Augenblick hatte ich die Geburt des Staates Israel verstanden und angefangen, jeden Tag zu Gott zu beten, er möge Jerusalem aufrichten und es zum Lobpreis auf Erden machen (vgl. Jes. 62,6-7). Der Yom Kippur

Krieg des Jahres 1973 hatte mein Herz durchbohrt. Ich wollte mehr tun, als nur beten. Ich wollte helfen.

Dennoch war ich unvorbereitet, als Gott klar und deutlich zu mir sprach, ich solle alles zurücklassen und nach Israel ziehen. Ich erinnerte mich an jene Nacht des Jahres 1971, in der ich vor ihm kapituliert hatte, und wußte, daß er mich nur so lange leiten würde, wie ich das, was ich begriffen hatte, gehorsam umsetzte. Ich glaubte, seine Stimme zu kennen, und dennoch war es für mich ein Risiko. Es war so anders als alles, was ich mir je vorgestellt hatte. Wiederum schossen mir die Fragen durch den Kopf: „Was ist, wenn ... Was ist, wenn ...?" Doch das war alles, was Gott zu mir sagte. Ich mußte die dazugehörige Entscheidung treffen. Schließlich reagierte ich: „Ja, Herr, wenn du das möchtest, dann möchte ich es auch." Ich flog wieder nach Hause, holte mir zur Bestätigung den Rat meines Pastors und machte mich auf, Gott zu gehorchen.

Bis zu diesem Zeitpunkt war das die schwerste Prüfung meines Glaubens gewesen. Nicht alles lief so glatt, wie ich mir das vorgestellt hatte. Mein Exmann, der inzwischen noch einmal geheiratet und eine neue Familie hatte, wußte von meinem Glauben an den Messias. Als ich ihn um seine Zustimmung bat, unsere jüngste Tochter Erika mit nach Israel nehmen zu dürfen, legte er mir nichts als Steine in den Weg. Als sich die Abreise dann hinauszögerte, flüsterte mir der Feind ins Ohr: *„Hat Gott wirklich gesagt ...?"* Ich mußte unterscheiden zwischen natürlichen Problemen, satanischem Widerstand und Gottes Prüfung meiner Entschlossenheit.

Meine Beziehung zu Jesus gewann eine neue Dimension. Ich hatte mein Hab und Gut verkauft, meine Arbeitsstelle und meinen Mietvertrag gekündigt. Als sich der Umzug dann sechs Monate hinauszögerte, forschte ich noch einmal ernsthaft in der Heiligen Schrift. Viele Verse gaben mir die Antwort: *Vertraue mir!*

Als die Prüfung ihr Ziel erreicht hatte, brachte Gott uns nach Jerusalem. Es war eine herrliche Heimkehr. Er hatte Erika und mich nicht nur in das Land meiner „Adoptivväter" gebracht, sondern überdies auch noch seinen Ruf als gerechter Gott verteidigt. Ich war vierundvierzig, stark, gesund und voller Freude. Jesus hatte in vier Jahren so viel für mich getan. Jetzt hatte er mich in seine Stadt gebracht, in die Stadt des großen Königs! Was wollte ich mehr? Ich hatte wirklich meine Lust an ihm.

Zweieinhalb Jahre später lag ich bei mir zu Hause in Jerusalem im Bett; eine Bandscheibe war defekt und wollte nicht heilen; meine Bewegungsfreiheit war stark eingeschränkt, und die Ärzte hatten mir Bettruhe verordnet. Meine Wirbelsäule war seit meiner Kindheit verkrümmt und konnte meinen Körper nicht mehr tragen. Monatelang litt ich unter starken Schmerzen. Jeden Tag war ich ein oder zwei Stunden lang auf, aber nichts wies auf eine Besserung hin.

Eines Nachmittags blätterte ich in meinem Notizbuch, in dem ich mir all meine Unterhaltungen mit dem Herrn aufschrieb. Da stand es schwarz auf weiß: Am 4. November 1976 hatte ich mich gefragt, wie ich dem Herrn besser gefallen und dienen könnte, und hatte mich ihm ganz neu hingegeben. Auf einem Blatt Papier hatte ich einen Vertrag aufgesetzt, in dem ich anerkannte, was er durch das Blut Jesu für mich getan und wie weit er mich seit jenem Tag des Jahres 1971 getragen hatte, an dem ich ihm mein Leben gegeben hatte. Ich für meinen Teil hielt fest, daß ich mich ihm ohne Vorbehalte hingegeben hatte; den Rest der Seite ließ ich frei, damit er die Bedingungen eintragen könnte. Unten stand meine Unterschrift.

Jetzt lag ich also im Bett. Das war eine „Bedingung", die ich nicht vorausahnen konnte. Ich dachte, er würde mich für seinen Dienst gesund erhalten, nachdem er mich gerettet hatte. Doch jetzt war ich hilflos und hatte ständig Schmerzen.

Doch das Positive daran war meine wunderbare Gemeinschaft mit ihm. Von morgens bis spät in die Nacht befand ich mich in der Gegenwart Jesu. Ich lag flach auf dem Rücken und konnte die Bibel gerade lange genug halten, um kurze Passagen lesen zu können. In diesen Monaten habe ich die Kassetten, auf denen die Bibel vorgelesen wurde, sehr strapaziert. Die ersehnte Heilung stellte sich zwar nicht ein, aber diese inneren Gespräche mit Jesus und seine herrliche Gegenwart waren meine ständigen Begleiter.

Eines Tages klopfte Derek Prince an meiner Tür. Er war in Jerusalem, hörte von mir und kam, um mir Gebet für meinen kranken Rücken anzubieten. Ich war überwältigt. Auch wenn ich die Liebe Jesu nun schon seit einigen Jahren kannte, war es doch schier unglaublich, daß er einen Mann dieses Formats zu mir schicken würde, damit dieser für mich bete. Glücklicherweise brachte mich meine Hochachtung vor Derek nicht aus der Fassung. Zwanzig Jahre lang war ich in den USA politisch aktiv gewesen und zu meinem Bekanntenkreis zählten einige Senatoren, Kongreßabgeordnete und Gouverneure. Wie die meisten Leute meiner Generation hatte ich gewaltigen Respekt vor Menschen, die Autorität ausübten, konnte mich jedoch gleichzeitig in ihrer Gegenwart entspannen und völlig ungekünstelt auf sie zugehen. Ich bat ihn und den jungen Mann, der ihn begleitete, herein. Wir unterhielten uns zunächst über meine Beschwerden und dann über Jerusalem. Ich machte mir Sorgen um Derek und hatte Mitleid mit ihm. Er sah viel älter aus als 62. Aufgrund eines Sturzes hatte er einen Arm in Gips. Seine Frau war zwei Jahre zuvor gestorben, und in seinem Gesicht konnte man immer noch seine Trauer und Einsamkeit sehen. Es war kaum zu glauben, daß dies der starke und tatkräftige Mann sein sollte, den ich einige Jahre zuvor so vollmächtig predigen gehört hatte.

Er bot mir an, für mich zu beten. Ich wußte, daß er einen speziellen Dienst hatte, nämlich „Beine länger zu machen", da ich das in einer Veranstaltung im Jahre 1971 schon einmal am eigenen Leib erlebt hatte. Zu jener Zeit hatte Derek die Gabe des Glaubens, die Gott ihm geschenkt hatte, noch nicht ganz verstanden, aber er erklärte mir, ich müsse weiterhin an Gottes wunderwirkende Kraft „angeschlossen" bleiben und „den Stecker drin lassen", indem ich ihm immer wieder dafür dankte, daß er mich angerührt hatte.

Als Derek meine Füße hielt, sagte er: „Sie sind absolut gleich lang! Hat schon mal jemand dafür gebetet?"

„Ja", erwiderte ich, „Sie selbst. Das war 1971."

Er grinste: „Das hab' ich ganz gut hingebracht!" Er stand neben mir und legte seine Hand auf meine Schulter.

Sehr zu meinem Erstaunen fing er auf einmal an, prophetisch zu reden. Gott ermutigte mich durch die Botschaft und sagte mir, ich sei seine Pflanzung und nichts würde mich entwurzeln können. Doch am meisten staunte ich darüber, daß Gott mir selbst vor weniger als einer Woche exakt dieselben Worte gegeben hatte; sie standen in meinem Notizbuch.

Als er schon beim Hinausgehen war, drehte Derek sich noch einmal um und sagte: „Lassen Sie den Stecker drin! Hören Sie nicht auf, Gott zu danken" und fügte hinzu: „Beten Sie für mich. Nächste Woche spreche ich bei einigen Veranstaltungen in München und es ist nicht gerade leicht, dort zu predigen." Dann ging er.

Ich legte mich wieder hin und dankte Gott. Ich war immer noch überwältigt, daß er Derek geschickt hatte. Ich schätzte seine Freundlichkeit und seine Empfänglichkeit für den Heiligen Geist. Doch am meisten freute ich mich darüber, daß Gott mir damit signalisierte, er höre meine Gebete und wolle mich heilen.

Es folgte keine dramatische oder augenblickliche Heilung. Immer wenn die Schmerzen zu stark wurden, schrie ich: „Danke Jesus, daß deine wunderwirkende Kraft in meinem Körper am Werk ist." Nach wie vor hatte ich nur wenig Kraft. Ich konnte allein baden und mich anziehen, aber das war es auch schon. Ich machte die Übungen, wie sie mir meine Krankengymnastin verordnet hatte. Gelegentlich drehte ich ein paar Runden im städtischen Schwimmbad, wo das Wasser meinen schwachen Rücken stärkte.

Meine Tochter war damals siebzehn und bereitete sich auf ihre Rückkehr in die USA vor; sie sollte aufs College, auch wenn sie mich nur sehr ungern in diesem Zustand allein lassen wollte. Schließlich willigte ich ein, sie in die Staaten zu begleiten; ich legte meinen Rückflug so, daß ich am Tag vor Rosh Hashana, dem jüdischen Neujahrsfest, wieder in Jerusalem sein würde. Die Fluggesellschaft versprach mir, auf beiden Flughäfen einen Rollstuhl bereitzustellen und reservierte freundlicherweise vier Sitzplätze für mich, damit ich mich den ganzen Flug über hinlegen konnte.

Eine Woche vor meiner Abreise erhielt ich sehr überraschend einen handgeschriebenen Brief von Derek Prince, in dem er von einer Gruppe in Kansas City sprach, die an Israel interessiert sei. Er lud mich ein, sie zu besuchen, falls ich einmal in den Staaten sein sollte. *„Was für ein netter Mann"*, dachte ich mir, *„er erkannte, wie wichtig Ruhe und Erholung für mich wären."* Ich dachte nie daran, daß er etwas anderes im Sinn haben könnte.

Ich hätte nie daran gedacht, daß er für mich als Mann in Frage kommen könnte, denn sonst hätte ich vermutlich anders reagiert. Ich wollte nie wieder heiraten. Meine Beziehung zu Jesus erfüllte mich ganz. Ich lebte, um ihm zu gefallen. In diesen Monaten, in denen ich nichts tun konnte, hatte ich entdeckt, daß die Fürbitte der effektivste Dienst war, den ich ihm bringen konnte. Jeden Tag stellte ich mich ihm fürs Gebet zur Verfügung, für jede Person oder jede Situation, die er mir aufs Herz legte. Ich konnte mit eigenen Augen miterleben, wie viele meiner Gebete, besonders für Israel, erhört wurden (während die Erhörung anderer Gebete noch im Gang ist).

Ich schrieb Derek Prince einen Antwortbrief, dankte ihm, gab ihm eine Telefonnummer in Maryland, unter der er mich erreichen konnte, und arrangierte es so, daß ich am 20. August in Kansas City ankommen und dann 12 Tage lang bleiben würde. Kaum war ich in Maryland, rief er auch schon an! Ich war wie vor den Kopf geschlagen. Er erkundigte sich nach meiner Gesundheit und sagte mir, er würde mich in Kansas City treffen. Einige Tage darauf rief er mich noch einmal an. Er hörte sich so freundlich und herzlich an. Ich kannte ihn als jemanden, der mit großer Autorität von der Kanzel herab sprach. Doch bei unserem Telefonat war er ganz menschlich, und das überraschte mich.

Inzwischen ging es aufwärts mit mir. Einige Freunde brachten mich zu einem Campingplatz und halfen mir, mich in ihrem Wohnwagen einzurichten, damit ich einige Tage allein dort bleiben konnte; ich wollte mich in die Sonne legen, schwimmen und vor allem Gott suchen, was er mit mir in Zukunft vorhätte. Ich würde ohne meine Tochter nach Israel zurückkehren. Meine finanziellen Mittel waren begrenzt. Ich mußte ein klares Bild vom Willen Gottes gewinnen.

Ich verließ diesen Ort der Ruhe mit der Gewißheit, daß es meine Verantwortung vor Gott sei, auch weiterhin Fürbitte zu leisten und daß er die Mittel schon bereitgestellt habe, um mich zu versorgen. Ich wußte nicht wie, hatte jedoch Frieden darüber.

Als mich meine Freunde wieder nach Hause fuhren, erzählten sie mir, Derek Prince hätte nochmal angerufen. Was konnte er nur wollen? Der Zeitplan meines Besuches war doch sehr klar gewesen. Würde man mich etwa wieder ausladen?

Als ich zurückrief, fragte er mich einfach nur, wie es mir gesundheitlich gehe. Ich erzählte ihm, ich hätte mich ausgeruht und sei viel geschwommen.

„Sind Sie eine gute Schwimmerin?" fragte er mich.

Ich bejahte und dachte mir gleichzeitig: *Wie kommt ein Bibellehrer auf den Gedanken, einer Frau eine solche Frage zu stellen?*

Dann sagte er: „Ich wollte Sie nur wissen lassen, daß ich fünf Minuten nach Ihnen auf dem Flughafen von Kansas City ankommen werde. Ich werde nur zwei Tage lang dort sein, denn ich muß schon am 23. August in Südafrika sein."

Als ich nach unserem Telefonat nach unten ging, schaute mich meine Freundin fragend an. „Hast du die Freiheit zu sagen, was er wollte?"

„Es war eigenartig", erwiderte ich, „er wollte mich anscheinend nur ein wenig kennenlernen. Er fragte mich sogar, ob ich eine gute Schwimmerin sei!"

Sie schaute mich an: „Glaubst du, daß mehr dahintersteckt?"

Ich zögerte: „Ich traue mich nicht, darüber nachzudenken."

In den darauffolgenden Tagen brachte ich diese Sache mehrmals vor den Herrn. Ich konnte nicht begreifen, warum Derek Prince so auf mich zuging. Er hatte erwähnt, daß er gerade suche, ob es Gottes Wille für ihn sei, zu diesem Zeitpunkt wieder nach Jerusalem zurückzugehen. Ich fragte mich, ob Gott von mir wollte, daß ich meine Fähigkeiten als Sekretärin gebrauche und dort für ihn arbeite. Aber ich war noch nicht in der Lage zu arbeiten. Ich konnte niemandem auf Erden irgendetwas bringen. Ich konnte nur beten und hatte mich vor dem Herrn diesem Ziel verschrieben.

Ich hatte Dereks Buch *Die Waffe des Betens und Fastens** gelesen und einige seiner Predigten über Fürbitte gehört. Vielleicht deutete Gott an, daß wir gemeinsam beten sollten. Ich konnte mir jedoch nicht vorstellen, wie das gehen sollte. So vieles war unklar. Schließlich überließ ich die Sache dem Herrn und flog sehr aufnahmebereit nach Kansas City.

---

*   in Deutschland erschienen bei Jugend mit einer Mission

Dereks Flugzeug hatte sich verspätet; sein Freund bat Erika und mich, auf dem Rücksitz des Wagens bei seiner Frau Platz zu nehmen, während er noch einmal zurückging, um Derek abzuholen. Als Derek auf uns zuging, war er wieder dieser starke, dynamische Mann, den ich einige Jahre zuvor auf Konferenzen gesehen hatte; überdies schaute er auch mindestens um zehn Jahre jünger aus als bei unserer Begegnung vor zwei Monaten in Jerusalem. Er setzte sich auf den Beifahrersitz, und als er sich umdrehte, um uns zu begrüßen, schaute er mich lange und forschend an. Nach außen hin war ich ruhig, doch innerlich zitterte ich. Meine Fragen, mit denen ich den Herrn bombardierte, bekamen nur eine Antwort: *Vertraue mir!*

Erika und ich waren in dem geräumigen Haus von Dereks Freunden untergebracht; er bat sie, für mich wegen meines Rückens eine Matratze auf den Boden zu legen, damit ich gut schlafen konnte. Mich überraschte, wie praktisch veranlagt und verständnisvoll er war. Später erfuhr ich, wie er sich am Ende ihres Leben um Lydia gekümmert hatte, die ja viel älter war als er. Er war ganz anders, als ich ihn mir vorgestellt hatte.

In den folgenden zwei Tagen sah ich ihn nur selten. Wir aßen gemeinsam mit der Familie, bei der wir untergebracht waren, und hatten nur einmal ein Gespräch unter vier Augen, in dem ich ihn wegen einer bestimmten Situation in Jerusalem um Rat fragte. Er war sehr nüchtern und sachlich, auch als er mir seine zwei neuesten Bücher mit persönlicher Widmung schenkte. In das eine schrieb er: *Im Gebet verbunden* und in das andere: *In Liebe* (in Gedanken setzte ich *christlicher* ein, damit es *In christlicher Liebe* hieß).

An seinem letzten Abend saß ich beim Essen neben Derek. Als ich ihn anschaute, fiel mir auf, daß ich überhaupt nichts fühlte. Ich hatte gewaltigen Respekt vor ihm als Mann Gottes und gesalbtem Bibellehrer, aber ich ging nicht davon aus, daß wir uns persönlich noch einmal treffen würden. Ich fühlte mich geehrt, weil er mir soviel Aufmerksamkeit geschenkt hatte, nahm jedoch gleichzeitig an, daß die Angelegenheit hiermit beendet sei.

Als ich am nächsten Morgen in Richtung Flughafen aufbrechen wollte, fragte er mich: „Haben Sie sich definitiv dafür entschieden, wieder nach Jerusalem zurückzukehren?" Ich sagte ihm, ich wollte für Rosh Hashana wieder dort sein. Er sagte, er plane zu Yom Kippur zu kommen, und vielleicht könnten wir uns wiedersehen. Das war's.

War es das wirklich?

In den folgenden zehn Tagen ging ich schwimmen und wandern, machte meine Gymnastik und führte ständig innere Gespräche mit dem Herrn. Hinter dem Haus war ein kleiner Bach, über den eine Holzbrücke führte. Am Abend war ich immer dort, ging im Mondschein auf der Brücke hin und her und breitete die Gedanken meines Herzens vor dem Herrn aus. Ich wußte, daß ich dem Wort aus Sprüche 4,23 gehorchen mußte: „Mehr als alles, was man sonst bewahrt, behüte dein Herz! Denn in ihm entspringt die Quelle des Lebens."

Ich konnte es mir nicht leisten, mich meinen Emotionen hinzugeben und zu hoffen oder Angst zu haben. Ich hatte nun den Eindruck, als würde Gott zu mir sagen, er wolle, daß ich Dereks Frau werde; Derek hingegen hatte mir außer der Widmung in dem Buch nichts in dieser Richtung signalisiert. Ob ich Gottes Stimme nun richtig vernahm oder nicht, so mußte ich auf jeden Fall entscheiden, was ich tun würde, wenn dies *wirklich* sein Wille wäre. Andererseits wäre es eine große Ehre, Dereks Frau zu sein, und noch dazu eine gewaltige Verantwortung. Sollte dies Gottes Plan sein, dann müßte er wohl die Absicht haben, mich zu heilen und mich sowohl körperlich als auch geistlich stark zu machen.

Wiederum überschlug ich die Kosten: Mein letztes Kind war dabei, das Nest zu verlassen. Ich war drauf und dran, ein gewisses Maß an persönlicher Freiheit zu genießen, wie ich sie fünfundzwanzig Jahre lang nicht gekannt hatte; ich würde niemandem rechenschaftspflichtig und für niemanden verantwortlich sein. Was mir noch wichtiger schien: ich hatte überhaupt nicht den Wunsch, noch einmal zu heiraten. Es war zwölf Jahre her, seit mein Mann mich verlassen hatte und sieben Jahre, seit ich Jesus kennengelernt hatte. Mein Leben mit dem Herrn war erfüllt und machte mich zufrieden. Aber ... wenn Gott wollte, daß ich nochmal heirate, würde ich mich dann weigern?

Dann prasselten zahllose Fragen auf mich nieder: Könnte ich es riskieren, noch einmal jemand anderen in mein Herz und in mein Leben zu lassen? Oder, was mich noch mehr erschreckte: Würde ich überhaupt eine gute Ehefrau abgeben? Und wenn ich nun nicht in der Lage wäre, mich seiner Lebensweise und seinen Gewohnheiten anzupassen? Oder wenn ich nach all den Jahren, in denen ich allein lebte, seine Not nicht über die meine stellen konnte? Vielleicht war ich auch nicht flexibel genug? Ich wußte, daß er viel auf Reisen war. Wenn ich nun nicht Schritt halten könnte? Meinem Rücken ging es besser, aber er war auf keinen Fall vollständig geheilt. Was wäre dann mit meinem Privatleben, mit den Stunden, die ich allein mit dem Herrn verbrachte und so genoß? Und würde es dem Ruf von Derek Prince nicht schaden, eine geschiedene Frau zu heiraten?

Ich bekam keine eindeutigen Antworten auf meine Fragen. Anscheinend war das eine weitere „Bedingung" des Vertrags: Ich mußte in dieser Angelegenheit meinen eigenen Willen loslassen und Gott vertrauen, ohne eine definitive Antwort zu bekommen.

Bevor ich Kansas City verließ, konnte ich zum Herrn sagen: *„Wenn Derek Prince um meine Hand anhält, werde ich ja sagen."* Ich sagte nicht, ich würde es tun, weil ich Derek Prince liebte, sondern weil ich den Herrn liebte und ihm gefallen wollte. Ich „bewahrte" und „behütete" mein Herz.

Wie herrlich war es in Jerusalem! Ich wohnte in einem Hospiz, von dem aus man die ganze Altstadt sehen konnte. Mein Zimmer hatte einen Balkon, wo ich die langen Abende zubrachte. Ich hatte mich dem Herrn erneut hingegeben, wodurch unsere Beziehung noch inniger geworden war. Die Bibel war sein Liebesbrief an mich. Zwischen Rosh Hashana und Yom Kippur blieb ich drei Nächte lang auf dem Balkon. Seltsamerweise hatte ich kein Schlafbedürfnis.

Weil es meinem Rücken immer besser ging, konnte ich ausgedehnte Spaziergänge durch meine geliebte Stadt unternehmen. Immer wieder dankte ich Jesus für seine heilende Kraft und Gegenwart.

An dem Tag, an dem ich mich mit Derek im King David Hotel treffen sollte, stand ich früh auf und hatte schon ein Lied auf den Lippen: „Friede, Friede, herrlicher Friede, der von meinem Vater kommt ..." Sorgfältig wählte ich meine Garderobe, zog mich an und ging einige Minuten vor neun die paar Meter zum King David Hotel.

Als ich durch die Drehtür ging, stand Derek auf, ging auf mich zu und begrüßte mich. Er gab mir die Hand und wir machten uns auf den Weg in den Speisesaal. Ein Frühstück im King David ist ein üppiges Buffet, und wir gingen öfters an die Tafel, um die verschiedenen Köstlichkeiten zu probieren. Derek lachte, als ich mir einen Salzhering auf den Teller legte, und erklärte mir, er könne ihn nicht ausstehen und hätte nie verstehen können, weshalb Lydia gepökelten Fisch so gerne gemocht hatte. Jetzt sah er, daß ich denselben Geschmack hatte.

Wir plauderten über seine Zeit in Südafrika. Dann griff er in seine Tasche und holte eine kleine Schachtel heraus. „Ich habe dir aus Südafrika ein Souvenir mitgebracht."

Ich öffnete sie. Darin war eine wunderschöne, in Gold gefaßte Tigeraugenbrosche. Das war kein kleines Souvenir. *Der Mann hat ernste Absichten*, dachte ich und achtete genau auf jedes seiner Worte.

Weil Derek wußte, daß ich am Sabbat und an den Feiertagen oft in die Synagoge ging, fragte er mich, ob ich nicht Lust hätte, am Abend den Kol Nidre Gottesdienst zu besuchen. Wir gingen zur Hechal Shlomo, der Hauptsynagoge in Jerusalem, und lösten zwei Tickets. Als wir hinausgingen, schauten wir uns die Tickets an. Auf beiden stand auf Hebräisch: *Prince*.

„Ich denke, du wirst dich wohl für Frau Prince ausgeben müssen", lachte Derek. Mein Herz schlug schneller. *Was geht hier eigentlich vor?* fragte ich den Herrn. *Wie schnell geht er voran?* Ich bekam keine Antwort.

Als wir einen steilen Abhang hinuntergingen, hakte ich mich kurz bei Derek ein, doch er ließ meinen Arm nicht mehr los! Da gingen wir also am hellichten Tag Arm in Arm in Jerusalem spazieren. Sobald sich eine günstige Gelegenheit dazu bot, zog ich meinen Arm unauffällig aus seinem heraus. Ich hatte dem Herrn zwar mein Ja gegeben, wollte mich jedoch von keinem Mann überrumpeln lassen, nicht einmal von Derek Prince!

Derek machte jedoch keine Anstalten, irgendwie darauf hinzuweisen, daß unsere Verabredung schon zu Ende sei. Als wir wieder am King David ankamen, fragte er mich förmlich, ob ich ihm die Ehre geben würde, ihm für den Rest des Tages Gesell-

schaft zu leisten. Ich willigte ein, und wir fanden am Swimmingpool zwei Liegestühle im Schatten.

„Erzähl' mir etwas von dir", sagte er, als wir uns setzten.
„Wie waren deine Eltern? Wie war deine Familie? Wo bist du
zur Schule gegangen? Ich möchte dich kennenlernen. Laß'
nichts aus."

Gott schenkte mir sehr viel Gnade. Von Natur aus bin ich ein
aufrichtiger Mensch. Vielleicht betrachte ich Dinge oft zu meinen Gunsten, aber ich würde sie nie verzerren oder verschleiern.
Stundenlang erzählte ich ihm aus meinem Leben. Er stellte mir
Fragen über meinen Exmann, über mein Konvertieren zum
Judentum und die Gründe unserer Scheidung. Es war eine sehr
angenehme und leichte Unterhaltung.

So verbrachten wir den Vormittag. Ich erklärte ihm, ich
würde wie die Juden an Yom Kippur von Sonnenuntergang bis
Sonnenuntergang fasten, und Derek sagte, er wolle auch mitma-
chen. Auch wenn wir nach dem reichhaltigen Frühstück noch
nicht hungrig waren, beschlossen wir so gegen zwei Uhr, im
Speisesaal zu Mittag zu essen, um uns für das Fasten zu stärken.

Während wir aßen, bombardierte mich Derek weiter mit
Fragen. Schließlich sagte ich: „Ich kann einfach nicht mehr
reden. Mir geht die Kraft aus."

„Alles, was du gesagt hast, hat mich brennend interessiert",
entschuldigte er sich. „Mir ist gar nicht aufgefallen, wie anstren-
gend das für dich war. Das war nicht fair von mir."

Dann fing er an, mir von seinen Kämpfen nach Lydias Tod
zu erzählen, wie er danach suchte, was Gott für den Rest seines
Lebens wollte, und wie er in Frage gestellt hatte, ob er je nach
Jerusalem zurückgehen sollte, nachdem er 1948 von dort weggegangen war.

Bis zu diesem Zeitpunkt war er recht freundlich, aber ein
bißchen förmlich gewesen. Doch jetzt, als er zu erzählen anfing,
fielen die Mauern und ich erkannte, daß er mir sehr private
Gedanken preisgab. Am wichtigsten war jedoch, daß er unbe-
wußt die Tiefe seiner persönlichen Beziehung zum Herrn offen-
barte. Obgleich er ein erfolgreicher Leiter mit großer geistlicher
Autorität war, suchte er wie ich den Herrn, um von ihm für sich
persönlich Kraft und Wegweisung zu bekommen!

Dann erklärte mir Derek, warum er mich eingeladen hatte, zuerst nach Kansas City und jetzt ins King David. Als er seine letzte Nacht in Jerusalem im Juni beschrieb, legte ich meine Gabel nieder und beobachtete ihn genau. Auch wenn er äußerlich ruhig war, hatte seine Stimme doch einen bewegten Unterton. Seine Augen funkelten. Er beschrieb den steilen Hügel, den er in einer Vision gesehen hatte, und die Frau, die an dessen Fuß stand.

„Diese Frau warst du", schloß er und schaute mich an. „Ich begriff, daß Gott mir sagte, wenn ich nach Jerusalem zurückkehren würde, dann wäre der erste Schritt dorthin, dich zu heiraten." Er machte eine Pause und fügte dann schnell hinzu, er erwarte nicht, daß ich auf seine Offenbarung reagiere und daß ich den Herrn selbst suchen müßte.

Mir war gar nicht aufgefallen, wie sehr mein Herz raste. Doch jetzt kam es zur Ruhe. Ein totaler innerer Friede erfüllte mich. Alles paßte zusammen. Jetzt hatte ich die Antwort auf all die Fragen, die in mir gebohrt hatten – warum interessierte sich Derek Prince für mich? Warum hatte er von allen Frauen in der Welt ausgerechnet mich ausgesucht? Wieso war eine geschiedene Frau überhaupt eine Kandidatin?

Er wartete darauf, daß ich etwas sagte. Ich erwiderte schlicht und einfach: „Jetzt verstehe ich."

„Was meinst du?" rief er.

Ich senkte meinen Blick. „Ich hatte immer den Eindruck, Gott sagte zu mir, du würdest mich heiraten wollen, aber ich konnte nicht begreifen, weshalb du ausgerechnet mich nehmen solltest. Du kanntest mich nicht und wußtest nichts über mich. Jetzt verstehe ich. Die Initiative kam von Gott."

Dann schaute ich ihm in die Augen, und in dem Moment wußte ich, daß ich ihn liebte.

Ich kann mich nicht erinnern, wie unser Mittagessen endete. Wir saßen im Foyer. Wir gingen im Park spazieren und setzten uns auf eine Bank, von wo aus man die Altstadt sehen konnte. Er zeigte mir den in weißes Papier eingewickelten Diamanten, den er in der Tasche hatte. Nachdem ich mich in meinem Zimmer im Hospiz ausgeruht und umgezogen hatte, tranken wir die letzte Tasse Tee vor dem Fasten. Dann gingen wir in die Synagoge und trennten uns für die drei Stunden des Gottesdienstes; ich ging auf den Balkon zu den Frauen, er in den Hauptbereich zu den Männern. Als wir uns trennten, nannte er mir den genauen Punkt, wo wir uns nach Ende des Kol Nidre Gottesdienstes wieder treffen würden. Auf dem Balkon kam mein Herz zur Ruhe. Schon den ganzen Tag über wurde ich von einer Flutwelle weggeschwemmt. Endlich konnte ich meine Gedanken ordnen. Ich schloß meine Augen, und die vertrauten hebräischen Gesänge und Melodien wirkten auf mich ein. Ich entspannte mich in der Gegenwart des Herrn und gab ihm in der Stille mein Leben ganz neu hin; ich wäre bereit für alles, was er mit mir vorhatte, und – nun auch bereit, Derek Prince zu heiraten.

Yom Kippur ist der höchste Feiertag der Juden. Zwischen Rosh Hashana und Yom Kippur bemühen sich sogar Juden, die nicht religiös sind, sich mit ihren Nachbarn zu versöhnen und gute Taten zu vollbringen, damit sie die Gewißheit haben können, „ein weiteres Jahr im Buch des Lebens aufgeschrieben zu sein".

An Yom Kippur ist in Jerusalem alles anders als sonst: keine Autos auf den Straßen, außer hie und da ein Notfallfahrzeug, kein Radio, kein Fernsehen. Die ganze Stadt ruht. Man hört nur Hunde bellen und Babys schreien. Es gibt keinen störenden Lärm. Man kann sogar mitten auf der Straße spazierengehen.

Als wir – jetzt Arm in Arm – von unserem Besuch in der Synagoge zurückgingen, sagte Derek: „Ich muß dir noch etwas sagen." Wir setzten uns im Mondschein auf eine Parkbank und schauten auf die erleuchteten Mauern der Altstadt vor uns.

In der Stille dieses Yom-Kippur-Abends sagte Derek: „Du verstehst sicher, daß ich jetzt noch nicht die Freiheit habe, um deine Hand zu bitten?"

Ich nickte, denn ich wußte von der engen Freundschaft mit den anderen Bibellehrern.

„Wir haben ausgemacht, daß wir keine größeren persönlichen Entscheidungen fällen wollen, ohne vorher den Rat der anderen einzuholen", erzählte er mir. „Ich konnte ihnen noch nichts sagen, da ich nicht wußte, wie du reagieren würdest. Doch jetzt muß ich ihren Rat einholen. Ich werde mich Ende Oktober mit ihnen treffen."

Wir hatten September. Das war also erst in mehr als einem Monat! „Ich werde dafür beten", erwiderte ich.

Dann standen wir auf und machten uns auf den Weg ins Hospiz. Derek schaute mich liebevoll an. „Ich glaube, es wird alles gut werden", sagte er. „Mach' dir keine Sorgen. Ich glaube, Gott hat uns beiden seinen Willen klargemacht. Nehmen wir ihn im Glauben an! Morgen können wir nicht gemeinsam frühstücken, aber wenn du willst, treffen wir uns um neun und verbringen den Tag miteinander. Am Tag darauf muß ich schon sehr früh weg."

Das war der Anfang unserer Beziehung: ein feierlicher Tag des Fastens und Betens. Am Ende vertrauten wir uns gegenseitig und unsere Zukunft dem Herrn an und verabschiedeten uns voneinander.

Ich hatte zwar viele Freunde in Jerusalem, aber es war keiner dabei, dem ich erzählen konnte, was an Yom Kippur geschehen war. Seit vielen Jahren war Jesus mein einziger Vertrauter. Ich schüttete mein Herz vor ihm aus und wartete auf seinen Rat.

Meine Beziehung zu Jesus hatte nichts Mystisches an sich; vielmehr war sie die herzerfrischende Unterhaltung mit meinem besten Freund. In den vergangenen Jahren hatte ich gelernt, in meinem täglichen Leben auf seine Weisung zu warten – wann und wohin ich einkaufen gehen soll; wann ich jemanden anrufen soll; wann ich bestimmte Aufgaben erledigen soll. Der Gehorsam in diesen Dingen des täglichen Lebens schenkte mir Gottvertrauen für größere Entscheidungen. Und nach den Monaten, in denen ich mich kaum bewegen konnte, war ich noch viel mehr von ihm abhängig. In allem suchte ich seinen Rat.

Da ich noch nicht in der Lage war, für längere Zeit zu sitzen oder zu stehen, konnte ich auch nicht arbeiten. Eine größere Geldsumme, die mir aus Europa überwiesen worden war, gab mir jedoch die Gewißheit, daß sich mein himmlischer Vater um alles kümmerte und ich keinen Mangel leiden müßte. Ich bekam Kassetten über geistlichen Kampf von den Veranstaltungen mit Derek in Südafrika, die meine Aufgabe in einem neuen Licht darstellten. Ich betete.

Während ich darauf wartete, daß Derek sich mit den anderen Brüdern traf, sprachen wir nur ein paarmal kurz am Telefon miteinander. Anfang November telefonierten wir noch einmal.

Seine Stimme war matt. Man hörte nichts mehr von der Freude und dem Überschwang. Er erzählte mir, die anderen hätten nein gesagt und hielten es nicht für weise, wenn er die Beziehung zu mir aufrechterhalten würde.

Mit stockender Stimme fügte er hinzu: „Ich komme für zwei Tage nach Jerusalem. Der Flug ist bereits gebucht. Ich werde dir alles erzählen und dann beenden wir dieses Kapitel." Das war alles.

Ich warf mich auf den Boden vor den Herrn und schrie: „Warum, Herr? Warum hast du mir das angetan? Warum hast du mir soviel Liebe gegeben und forderst dann so etwas von mir? Du warst mein ein und alles. Ich wollte ja gar nicht heiraten. Warum hast du Derek in mein Leben gebracht und tust mir dann so etwas an?"

Erstaunlicherweise hatte ich das Gefühl, als würde Jesus mich umarmen und sagen: *Vertraue mir.*

Wahrer Glaube ist immer ganz nah am Unglauben. Manchmal hatte ich das absolute Vertrauen, Gottes Weg sei der allerbeste; ein andermal zweifelte ich wieder an seiner Liebe und schrie um ein neues Zeichen. Jetzt, am 13. November, schenkte er mir das, worum ich gebeten und worauf ich gehofft hatte: ein Wunder, durch das ich augenblicklich geheilt wurde. Während ich Gott in einer öffentlichen Veranstaltung anbetete, durchströmte mich seine Kraft. Mit einem Schlag war ich völlig schmerzfrei, und seine Kraft erfüllte meinen ganzen Körper.

Da stand ich nun, versunken in der Anbetung und in der Freude über seine Gegenwart. Nach dem monatelangen Schmerz, der durch Medikamente nur unwesentlich gelindert werden konnte, fühlte ich mich ohne Schmerzen wie jemand, der von der Fessel seines Körpers befreit wurde!

Ein Klaps auf die Schulter holte mich wieder auf die Erde zurück. Die Verantwortlichen auf der Bühne hatten gesehen, wie mein Gesicht strahlte, und schickten jemanden, der sich erkundigen sollte, was Gott an mir tue und ob ich nach vorne kommen und darüber berichten wolle.

Ich ging zur Bühne; meine Muskeln fühlten sich seidig und geschmeidig an; fast völlig sprachlos stand ich vor dem Mikrofon und weinte. Die Zuhörerschaft bestand größtenteils aus Touristen, aber ich sah auch einige liebe Freunde aus Jerusalem, die die sieben Monate lang für mich gebetet hatten. Ihre Gesichter strahlten, als hätte jemand einen Scheinwerfer auf sie gerichtet. Ich kann mich nicht erinnern, was ich sagte oder wie ich die Ereignisse dieses einmaligen Augenblicks beschrieb, doch dann sah ich sie an und sagte: „Danke. Danke, meine Freunde, und danke, Jesus!"

Später erkannte ich Gottes wunderbare Weisheit dahinter. Indem er mich nach vorne rief, um von dem Wunder zu erzählen, zwang er mich, öffentlich ein Bekenntnis abzulegen. Ich bin der Meinung, daß dadurch meine Heilung erst wirklich vollständig wurde. Wäre ich nicht mit der Bitte um ein Zeugnis konfrontiert worden, hätte ich die Heilung vielleicht gleich schon beim nächsten Schmerz wieder verloren.

Einige Leute hatten in den zurückliegenden Monaten zu mir gesagt: „Nimm' deine Heilung in Anspruch." Doch das konnte ich nicht. Jetzt war ich tatsächlich geheilt! Gelegentliche Schmerzen konnten mich nicht erschrecken, weil ich wußte, daß sie Teil des Heilungsprozesses waren. Später wurde durch eine Röntgenaufnahme offenbar, daß Gott nicht nur die defekte Bandscheibe geheilt hatte: er hatte auch meine verkrümmte Wirbelsäule gerade gemacht. Mir kam es vor, als hätte ich einen neuen Rücken bekommen!

Vier Tage später war ich abermals mit Derek zum Frühstück im King David verabredet. Sein Gesicht war fahl und seine Hände zitterten. Ich wollte ihn berühren und trösten. Während er sprach, betete ich still für ihn. Das war auch alles, was ich tun konnte.

Er öffnete seine Aktentasche und holte einen Brief heraus, der die Unterschriften der vier anderen Bibellehrer trug. „Du mußt verstehen", sagte er, „daß ich mich verpflichtet habe, sie bei allen wichtigen Entscheidungen um Rat zu fragen. Das ist eine wichtige Entscheidung. Ich muß mein Wort halten."

Er sagte mir, welche Reisen er in den darauffolgenden Monaten unternehmen würde und bat mich, für ihn zu beten. Dann holte er sehr zu meinem Erstaunen ein Glas selbstgemachte Marmelade heraus, die ihm seine Tochter Anna für mich mitgegeben hatte. Meine innere Stimme sagte: „Da gibt es jemanden, der dich mag."

Der Bericht über die wunderbare Heilung meines Rückens war das Zweite, was unser Treffen etwas erfreulicher machte. Derek war Gott so dankbar. Er sah, daß Gott sich um mich kümmerte. Dann gab es nichts mehr, worüber wir noch reden konnten. Ich setzte mich in ein Taxi, und er winkte zum Abschied. Dieses Kapitel war abgeschlossen. Was tut eine Frau in so einer Situation? Ich stürzte mich in Aktivitäten. Ich hatte jeden Tag mehr Kraft und konnte endlich wieder normal auf einem Stuhl sitzen. Ich schrieb mich auf der Volkshochschule für Hebräisch ein und widmete mich sechs Tage in der Woche dem Sprachstudium.

Ich konnte niemandem von meinem großen Kummer erzählen. In den schlaflosen Nächten weinte ich mich an Jesu Schulter aus, stand auf und lächelte mich durch den Tag, voll Freude über meine Heilung. In den Sprachkursen fand ich neue Freunde, und sonst verbrachte ich viel Zeit mit meinen alten Freunden. Ich versuchte, nicht zuviel nachzudenken oder mich in Spekulationen zu ergehen.

Und ich betete. Stundenlang, nächtelang, wochenlang betete ich, fastete und leistete Fürbitte, nicht nur für Derek, sondern auch für Israel und das jüdische Volk. Der ägyptische Präsident Sadat kam einen Tag nach Dereks Abreise nach Jerusalem. An jeder Straßenecke hörte man, wie die Leute davon sprachen, daß nun „endlich Frieden" sei! Das war eine ereignisreiche Zeit. Da ich für Israel betete, konnte ich mich nicht um mich selbst drehen.

Das fiel mir nicht leicht. Ich hatte versprochen, dem Herrn zu gehorchen, sobald ich seine Stimme hören würde. Ich hatte Derek mein Herz geöffnet, weil ich geglaubt hatte, dies sei Gottes Wille. Jesus hatte 1965 den harten Panzer, den ich um mein Herz gelegt hatte, durchbrochen. Erst jetzt erkannte ich, wie verletzbar ich geworden war.

Ich hatte die Wahl: Ich konnte entweder mein Herz wieder verhärten und niemanden an mich heranlassen, oder darauf vertrauen, daß Jesus mein gebrochenes Herz genauso heilen würde wie meinen kranken Rücken.

Meine Entscheidung stand fest. Die Worte aus Sprüche 3,5-6 wurden mein Bekenntnis. Ich entschloß mich, dem Herrn von ganzem Herzen zu vertrauen. Ich würde nicht versuchen, alles

185

zu begreifen. Ich würde ihn in allem als Herrn anerkennen. Ich würde darauf vertrauen, daß er meinen Fuß leitet.

Als ich Derek im Gebet auf seinen Reisen begleitete, geschah etwas Seltsames: Die Verzweiflung verschwand und Hoffnung keimte auf. Dieses Buch würde noch einmal aufgeschlagen werden. Eine Woche war besonders markant. Derek befand sich damals gerade in Adelaide in Australien. An einem Tag fing ich auf einmal zu weinen an, während wir gerade Sprachkurs hatten. Das war mir peinlich und ich entschuldigte mich. Nachdem ich mich auf der Damentoilette etwas frisch gemacht hatte, fuhr ich mit dem Bus nach Hause. Wieder fing ich zu weinen an und konnte nichts dagegen machen. Ich saß in meinem Zimmer und weinte; so fing ich an, in Zungen zu beten. Stunden vergingen, ohne daß die Last leichter geworden wäre.

Das war mir nicht neu. Sowohl vor als auch nach meiner Einwanderung hatte ich im Zusammenhang mit Israel schon mehrmals diese Last des Geistes verspürt. Den Grund dafür erfuhr ich meistens erst hinterher – ein terroristischer Überfall, eine Regierungskrise, die Vorzeichen eines Krieges. Diesmal wußte ich, daß es etwas mit Derek zu tun hatte.

Drei Tage später schrieb ich in mein Tagebuch: „Adelaide ist Gott sei Dank vorbei!" Ich hatte den Eindruck, daß in der unsichtbaren Welt ein Bollwerk zerbrochen war.

Dann kamen die ersten Frühlingstage. Ich zog in ein Ein-Zimmer-Appartement im Stadtzentrum. Dann bekam ich ein Telegramm: „Ich komme mit einer lutheranischen Reisegruppe nach Jerusalem. Treffen wir uns im King David zum Frühstück." Das neue Kapitel hatte begonnen!

Als wir uns trafen, sah ich gleich im ersten Moment, daß Derek auch eine Begegnung mit dem Herrn gehabt hatte. Seine Stimme war auf eine ganz neue Art und Weise sanft; sein ganzes Verhalten zeugte von Zerbruch. Wir bedienten uns am Buffet und plauderten, während der Ober uns den Tee servierte. So wie Derek nun mal ist, kam er dann gleich auf den Punkt: „In Adelaide habe ich es durchgebetet. Ich glaube immer noch, daß es Gottes Wille ist, daß wir heiraten. Hat er dir irgendetwas gezeigt?"

Ich berichtete ihm, was ich in der Woche, in der er in Adelaide gewesen war, erlebt hatte und wie ich völlig unerwartet und unerklärlich wieder Hoffnung bekommen hatte. Wir waren begeistert über das Wirken des Heiligen Geistes. Obwohl wir so weit voneinander weg waren, wie man nur sein kann, beteten wir in völliger Übereinstimmung. Weil wir glaubten, Gott würde alles zum Guten wenden, nutzten wir diese Zeit, um uns besser kennenzulernen. Während wir durch Jerusalem spazierten, redete Derek immer wieder voll Begeisterung davon, wie kräftig und agil ich doch geworden sei. Er hatte mich als kranke Frau kennengelernt; jetzt war ich voll Tatendrang und Energie. Gemeinsam besuchten wir geistliche Leiter in Jerusalem, mit denen ich befreundet war. Ich wußte, daß er mich „auf die Probe stellte" und beobachtete, wie ich mit ihnen umging und wie jene sich mir gegenüber verhielten.

Eines Tages begegneten wir einer älteren Dame, einer Christin, die schon seit vielen Jahren in der Stadt lebte und Derek sehr bewunderte. Mit einem Blick erkannte sie die Situation und begann zu prophezeien: „Gott hat dich beobachtet. Du warst Lydia ein vorbildlicher Ehemann. Du verdienst das Beste, deshalb hat er dir Ruth gegeben."

Derek dankte ihr, nicht ohne sie darauf hinzuweisen, daß noch nichts fix sei. „Meine Lippen sind versiegelt", sagte sie und verschwand genauso plötzlich, wie sie gekommen war.

Als Derek in die USA zurückkehrte, um sich noch einmal mit den anderen Brüdern zu treffen, widmete ich mich wieder meinen Sprachkursen. Es war Frühling. Mein Herz war unbeschwert, und ich konnte mich kaum konzentrieren. Dann rief mich ein überglücklicher Derek an. Die anderen Bibellehrer hatten auch noch einmal darüber gebetet, und Gott hatte ihnen eine neue Perspektive geschenkt. Derek würde im April mit einer Reisegruppe nach Israel kommen. Wir würden alles weitere arrangieren. Er sagte mir, er sei noch nicht bereit, jetzt schon nach Jerusalem umzuziehen und bat mich, noch etwas Zeit verstreichen zu lassen, bis Gott es deutlich gemacht hätte, daß wir uns wirklich dort niederlassen sollten.

Ich traf Derek am Flughafen Ben Gurion, und für mich begann ein neuer Lebensabschnitt. Bisher war ich eine anonyme jüdische Christin gewesen, die in Jerusalem lebte. Jetzt rückte ich ins Rampenlicht der ganzen charismatischen Welt. Sobald wir einer kleinen Gruppe, die aus Dereks engsten Freunden bestand, unsere Verlobung bekanntgaben, richtete sich die ganze Aufmerksamkeit der Reisegruppe auf uns. Sie fotografierten uns, wo wir auch waren. Als wir uns einmal zum Essen anstellten, kam eine Frau zu mir und sagte: „Ich habe gehört, daß Derek Prince noch einmal heiratet. Sind Sie diejenige?" Ich lächelte und gab zu, „diejenige" zu sein.

Bevor Derek wieder in die USA flog, gingen wir zu einem Aussichtspunkt hoch über Jerusalem. Wir schauten auf die Stadt hinunter und ließen alles, was Gott für uns getan hatte, noch einmal Revue passieren. Dann beteten wir: „Herr, mach' Jerusalem zu unserer gemeinsamen Heimat wann und wie du willst."

Ich sprach dieses Gebet mit gemischten Gefühlen. Es hieß ja schon wieder sterben, schon wieder meinen eigenen Willen loslassen. Jerusalem war für mich viel mehr als die Stadt, in der ich wohnte; es war die Stadt, in die Gott mich ganz konkret berufen hatte, und er hatte mir eine Liebe für Jerusalem ins Herz gelegt. Aber er hatte mir auch die Liebe für Derek ins Herz gelegt. Ich mußte darauf vertrauen, daß Gott diese beiden Komponenten zusammenfügen würde, wann und wie er wollte. Mir war klar, daß die Braut ihr Heim verlassen und in das Heim ziehen mußte, das ihr von ihrem Bräutigam bereitet wird.

Auch wenn es schwer war, Jerusalem zu verlassen, war es kein Opfer, bei Derek zu sein. Wenn wir auch nur wenige Tage gemeinsam verbracht hatten und das auch nur in großen Abständen, band uns der Heilige Geist immer fester zusammen. Da wir unsere Beziehung abgeben und sterben lassen mußten, warf sich jeder von uns voll auf den Herrn und wurde noch abhängiger von ihm. Weil wir in unserem Zerbruch dem Herrn begegnet waren, hatten wir nun um so mehr, das wir einander geben konnten. Wir genossen jeden Moment, den wir zusammen waren.

Im Juni verließ ich Jerusalem und flog nach Florida. Derek hatte den Diamant aus Südafrika für mich in einen Ring fassen lassen (wir nennen ihn den „Glaubensdiamant", weil Derek ihn im Glauben für eine Frau gekauft hatte, die er kaum kannte).

Unsere Hochzeit während des jüdischen Laubhüttenfestes war eine Mischung aus jüdischer und christlicher Tradition. Charles Simpson leitete die Feier, die anderen Bibellehrer legten uns die Hände auf und segneten uns. Was für ein großartiges

Fest! Wir kehrten nach Jerusalem zurück, um dort unsere Flitterwochen zu verbringen und einige Monate später an der Universität mit Hebräischkursen zu beginnen. Mit Derek verheiratet *und* gleichzeitig auch noch in Jerusalem zu sein erschien mir wie ein wunderbarer Traum. Dort fing der Herr an, uns gemeinsam in die Fürbitte zu führen, und zwar mit einer Vollmacht, wie sie jeder für sich in seinem eigenen Gebetsleben nicht gekannt hatte. Jetzt wurde mir klar, daß mein ganzes Leben eine Vorbereitung darauf gewesen war, Dereks Frau zu werden. Derek ist ein Freund der Juden und ein vehementer Kämpfer für die Wiederherstellung des Staates Israel. Fünfundzwanzig Jahre zuvor hatte Gott mich zum Judentum konvertieren lassen. Meine Identifikation mit dem jüdischen Volk und mein Verständnis seiner Bräuche und Traditionen sind von unschätzbarem Wert für ihn.

Da ich nun schon viele Jahre in Jerusalem gelebt habe, kenne ich die Stadt wie meine Westentasche – die Geschäfte, die Parks, die stillen, kleinen Gassen. Ich habe auch viel über die Kultur des Nahen Ostens gelernt, die sich gewaltig von der amerikanischen oder britischen unterscheidet – die jüdische Denkweise, jüdische Bräuche, jüdische Standpunkte und jüdisches Geschäftsgebaren. Derek, der nach dreißig Jahren in eine Stadt zurückkehrte, die sich völlig verändert hatte, meinte, Gott hätte ihm seine ganz persönliche Reiseführerin gegeben!

Bevor ich nach Jerusalem kam, hatte ich die USA noch nie verlassen, auch wenn ich dort viel herumgekommen war. Meine Jahre in dieser internationalen Stadt dienten mir als Vorbereitung auf die verschiedenen Situationen und Kulturen, denen ich im Rahmen unseres Reisedienstes begegnen würde.

Meiner Auffassung nach besteht meine Verantwortung darin, für Derek eine ruhige und friedliche Atmosphäre zu schaffen, damit er alles geben kann, was Gott in ihn hineingelegt hat. Lydia investierte ihre geistliche Erkenntnis, ihre Weisheit und ihre Erfahrung in ihn. Als sie älter wurde, sorgte Derek für sie. Jetzt investiere ich mich in ihn: ich sorge für ihn, schütze ihn vor überflüssigen Störungen und Ablenkungen, helfe ihm, wo ich nur kann, damit er die Freiheit hat, den Herrn zu suchen und dadurch dem Leib Christi immer wieder eine frische, gesalbte und prophetische Lehre zu bringen. Das gilt überall, ob wir nun bei uns zu Hause in Jerusalem sind, ob wir in Florida wohnen oder etliche Monate am Stück herumreisen. Dazu brauche ich die unterschiedlichsten Fähigkeiten, die ich im Laufe meines Lebens erwerben konnte.

Doch was am wichtigsten ist: durch Leiden, Krankheiten, Prüfungen, Zerbruch und ein Leben des Gebets und der Fürbitte (so schwer dies für eine alleinstehende Frau auch war) hat Gott mich in eine tiefe Abhängigkeit vom Heiligen Geist geführt, von der kein Bereich meines Lebens ausgenommen ist. Durch diese Abhängigkeit bin ich in der Lage, meine Gedanken und meine Persönlichkeit mit Dereks Gedanken und Persönlichkeit zu vereinen, ohne dabei Gefahr zu laufen, die Integrität meiner eigenen Persönlichkeit zu verlieren. Ich glaube, ich verstehe, was Adam meinte, als er sagte, Eva sei „Gebein von meinem Gebein und Fleisch von meinem Fleisch" (1. Mos. 2,23). Ich verlasse mich darauf, daß mir der Heilige Geist zeigt, wann ich Derek zur Verfügung stehen und wann ich mich zurückziehen soll, wann ich sprechen und wann ich schweigen soll, wann ich mich unterordnen und wann ich meinen eigenen Standpunkt darlegen soll, wann ich Dereks Rat einholen und wann ich mir selbst ein Urteil bilden soll.

Die übernatürliche Gabe des Glaubens, die Gott mir am Anfang geschenkt hatte, in Verbindung mit dem Vertrauen, das ich in den sieben Jahren mit ihm gewonnen hatte, dienten mir als Vorbereitung für die gewaltige Verantwortung, die ich als Dereks Frau zu tragen habe. „Ohne Glauben aber ist es unmöglich, (Gott) wohlzugefallen" (Hebr. 11,6), und ohne Glauben wäre es auch unmöglich, Dereks Frau zu sein.

Als wir heirateten, machte er mich zu einem gleichwertigen Partner innerhalb von Derek Prince Ministries. Damals war das noch eine relativ kleine Organisation mit einem Dutzend Angestellten, die Kassetten produzierten und seine Bücher verlegten. Seither ist dieser Dienst jedoch gewaltig expandiert. Es hat den Anschein, als ob Gott erst dann seinen ganzen Plan für den Dienst in die Tat umsetzen konnte, nachdem er mich Derek als Hilfe zur Seite gestellt hatte.

Drei Monate nach unserer Hochzeit begann Derek mit seinem Radioprogramm *Today with Derek Prince*. 1985 ging es bereits um die ganze Welt und erreichte unter anderem das kommunistische China in den drei wichtigsten Dialekten, nämlich Mandarin, Kantonesisch und Amoy. Die spanische Version wird in ganz Süd- und Mittelamerika ausgestrahlt, eine russische Übersetzung ist in Vorbereitung.

Durch unser „Global-Outreach-Programm" werden Dereks Botschaften, die in der westlichen Welt in zahlreichen Sprachen erhältlich sind, kostenlos an jene verteilt, die nicht in der Lage sind, sie käuflich zu erwerben. Christliche Leiter in entlegenen Gegenden der Dritten Welt und hinter dem eisernen Vorhang geben ihrerseits diese Lehre in ihrer eigenen Sprache an ihre eigenen Leute weiter. Zweigstellen von Derek Prince Ministries gibt es mittlerweile in Großbritannien, Südafrika, Australien und Neuseeland.

Aus dem kleinen Bach ist ein Fluß geworden; der Fluß ist ein Meer geworden; das Meer wird mehr und mehr zu einem mächtigen Ozean. Gott spannte Derek und Lydia unter dasselbe Joch, damit sie gemeinsam pflügen und säen. In Dereks späteren Jahren hat Gott mich an seine Seite gestellt, damit Gottes Plan für sein Leben voll zur Entfaltung kommt und ich gemeinsam mit ihm die Früchte ernten darf.

Bei unserer Hochzeit gab Derek mir seinen Namen und gelobte, alles, was Gott ihm an Ehre, Autorität und Besitz schenken würde, uneingeschränkt mit mir zu teilen. Ich achte diese Dinge sehr, weil ich weiß, daß ich eines Tages vor Gott über alles, was ich empfangen habe, Rechenschaft ablegen muß. „Jedem aber, dem viel gegeben ist – viel wird von ihm verlangt werden" (Lk. 12,48). Es ist meine Zuversicht und meine Gewißheit, daß ich so, wie ich Derek und seiner Arbeit diene, Gott wohlgefällig bin.

Und allen jungen Menschen, die derzeit den sehnlichen Wunsch haben zu heiraten, jedoch an Gottes Liebe zweifeln, weil sie noch keinen Partner haben, möchte ich die Worte aus Psalm 37,4 zurufen: „Habe deine Lust am Herrn, so wird er dir geben, was dein Herz begehrt."

DEREK PRINCE, *ehemals Professor für Philosophie an der Cambridge-Universität in England, ist innerhalb der pfingstlich-charismatischen Bewegung einer der führenden Bibellehrer unserer Zeit. Seine Bibelauslegungen zeichnen sich durch ihre klare, gründliche Strukturierung sowie durch ihre Lebendigkeit und konkrete Umsetzbarkeit aus. Damit sind sie sowohl für das persönliche Studium, als auch für den Einsatz in Haus- und Gebetskreisen sowie zur Schulung von Mitarbeitern und Seelsorgern hervorragend geeignet.*

Der INTERNATIONALE BIBELLEHRDIENST (I.B.L.) ist der Arbeitszweig von „Derek Prince Ministries" – International im deutschsprachigen Raum. Über den I.B.L. werden laufend Schlüssellehren von Derek Prince, die bisher nur in englischer Sprache zur Verfügung standen, nach und nach – auf Videokassette, Audiokassette oder in gedruckter Form in deutscher Sprache veröffentlicht. Sollten Sie an dem Programm des „Internationalen Bibellehrdienstes", an dem weltweiten Dienst von Derek Prince oder an Veranstaltungen mit Derek Prince im deutschsprachigen Raum interessiert sein, wenden Sie sich bitte an eines der folgenden I.B.L.-Büros:

Für Deutschland:
I.B.L. Deutschland,
Leitung: Harald Eckert
Urbachstr. 14
72213 Altensteig
Tel: 07453-6240
Fax: 07453-1385

Für Österreich:
I.B.L. Österreich
Leitung: Gerhard Greil
Bruck 40
4973 Senftenbach
Tel: 07751-7560
Fax: 07751-7560

Für die Schweiz:
I.B.L. Schweiz
c/o Christliche Buchhandlung AU
Leitung: Hans Nyffenegger
Hauptstr. 58
9434 AU/SG
Tel: 071-715811, Fax: 071-715845